PRÜFUNGSTRA!NER FÜR DEN AUSBILDUNGBERUF

KAUFMANN & KAUFFRAU IM EINZELHANDEL

WILLKOMMEN IM PRÜFUNGSTRAINER TEIL 2!

Du hast die Zwischenprüfung zum/r Verkäufer/in erfolgreich bestanden? Deine Ausbildung im Einzelhandel neigt sich dem Ende und die Abschlussprüfung rückt immer näher?

Mit mehr als 380 Fragen bereitet dich der Prüfungstrainer zum **Kaufmann/zur Kauffrau im Einzelhandel** auf die IHK-Abschlussprüfung vor: Alle Fragen sind auf die aktuelle Ausbildungsordnung (AO) 2017 abgestimmt und IHK-konform erstellt. Folgende relevante Prüfungsgebiete werden trainiert:

- // **ORGANISATION, LEISTUNGEN UND AUFGABEN**
- // **KERNPROZESSE DES EINZELHANDELS**
- // **AUFGABEN DES CONTROLLINGS**
- // **QUALITÄTSSICHERNDE MASSNAHMEN**

Im Lösungsteil kannst du dein Wissen überprüfen, die Formelsammlung fasst alle wichtigen Formeln, die für die Praxis benötigt werden, zusammen.

NICOLE ROTHER
HEAD OF LZ DIREKT LERNWELT

Du kannst nicht genug kriegen oder merkst, dass du dein Wissen weiter vertiefen musst? Dann schau doch mal in unseren Shop. Unter **www.lzdirekt-lernwelt.de** findest du noch mehr Wissen, gedruckt oder als E-Training. Die E-Trainings liefern dir Klick für Klick wertvolle Zusatzinfos zu den verschiedensten Themen.

Neben den **Büchern und Basistrainern** vermitteln dir die **Markenlehrbriefe** praktisches Warenwissen am Beispiel von bekannten Marken zu verschiedensten Themen. Aktuelle Marktdaten, Hintergrundinfos und Praxis-Tipps machen sie zum idealen Begleiter im Berufsalltag. Die Beste Art und Weise, um Grundlagenwissen zu vertiefen.

Viel Erfolg bei deiner Prüfung und viel Spaß beim Lernen!

Herzlich,
Deine

N. Rother

Nicole Rother

IMPRESSUM

Herausgeber
LZ direkt Lernwelt
Deutscher Fachverlag GmbH
Mainzer Landstraße 251
60326 Frankfurt am Main
Ein Fachbereich der dfv Mediengruppe

Bestellservice und Auslieferung:
Herold Fulfillment GmbH
Raiffeisenallee 10
82041 Oberhaching/München
Tel. +49 89 613871-71
Fax +49 89 613871-79
dfv@herold-fulfillment.de
www.lzdirekt-lernwelt.de

Autor:
Lutz Kohlmann, StD

Head of LZ direkt Lernwelt:
Nicole Rother

Creative Direction LZ direkt Lernwelt:
Anke Couturier

Content Manager LZ direkt Lernwelt:
Maria Theresia Weckert

Grafische Gestaltung:
Edith Graßmann

8. Auflage 2023

Der vorliegende Prüfungstrainer wurde auf der Grundlage der **Prüfungsanforderungen der IHK nach der aktuellen Ausbildungsordnung (AO) 2017** erstellt.

LIEBE AUSZUBILDENDE,

im Rahmen der Ausbildung stehen irgendwann Prüfungen an und die Nervosität steigt. Damit Sie sicherer und mit gutem Fachwissen in die bevorstehenden schriftlichen IHK-Abschlussprüfungen gehen können, bietet Ihnen dieser Prüfungstrainer eine gute Vorbereitung. Der Prüfungstrainer orientiert sich an der aktuellen **Ausbildungsverordnung von 2017 für den Ausbildungsberuf „Kaufmann/Kauffrau im Einzelhandel".** Nachdem Sie den Teil 1 (= Verkäuferprüfung) bereits abgelegt haben, müssen Sie zum Bestehen der Abschlussprüfung „Kaufmann & Kauffrau im Einzelhandel" noch den Teil 2 „Geschäftsprozesse im Einzelhandel" sowie die praktische Übung (= mündliche Prüfung) absolvieren.

DIE PRÜFUNG FÜR KAUFMANN & KAUFFRAU IM EINZELHANDEL (TEIL 2)

WELCHE PRÜFUNGSINHALTE DECKT DER 2. TEIL DER ABSCHLUSSPRÜFUNG AB?

Geschäftsprozesse des Einzelhandels

- 120 Minuten schriftliche Prüfungszeit, offene Fragen, 25 % Gewichtung;
- praxisbezogene Aufgaben und Fälle aus den Bereichen
  - // **ORGANISATION, LEISTUNGEN UND AUFGABEN**
  - // **KERNPROZESSE DES EINZELHANDELS**
  - // **AUFGABEN DES CONTROLLINGS**
  - // **QUALITÄTSSICHERNDE MASSNAHMEN**
- Fachbezogenes Fallgespräch in der Wahlqualifikation, 40% Gewichtung.

Teil 1 macht zusammen 35 % der Gesamtprüfung aus. Die restlichen 65 % erzielen Sie in **Teil 2** am Ende Ihrer Ausbildungszeit (3. Lehrjahr).

ERGÄNZUNGS-PRÜFUNG

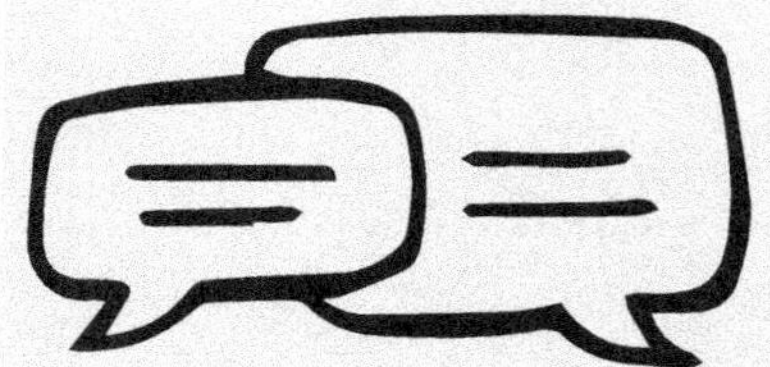

Sie können eine **mündliche Ergänzungsprüfung** im schriftlichen Prüfungsbereich „Geschäftsprozesse im Einzelhandel" (Teil 2) beantragen, wenn Sie dort weniger als 50, aber mindestens 25 Punkte erzielt hatten. Sie findet im Aschluss an die mündliche Prüfung statt und dauert etwa 15 Minuten. Sie haben bestanden, wenn Sie durch die Ergänzungsprüfung dann mindestens 50 Punkte erzielen können – dabei wird die schriftliche Prüfung doppelt gewichtet.

Beispiel: Ergebnis im Fach „Geschäftsprozesse im Einzelhandel" = **45 Punkte.**
Nun müssen Sie in der mündlichen Ergänzungsprüfung mindestens 60 Punkte erzielen:
(45 x 2 + 60) : 3 = 150 : 3 = **50 Punkte**

Eine Ergänzungsprüfung in einem der drei Prüfungsbereiche aus Teil 1 ist nicht möglich.

WANN HABEN SIE DIE PRÜFUNG BESTANDEN?*

Sie müssen in der Prüfung „Geschäftsprozesse im Einzelhandel" mindestens die Note 4 erzielen (50 %).

Sie müssen im „Fachbezogenen Fallgespräch" (mündliche Prüfung) mindestens die Note 4 erzielen (50 %).

Ihr Gesamtergebnis aus allen fünf Prüfungsbereichen muss mindestens „ausreichend" sein, d. h. Sie müssen die Hälfte der insgesamt erzielbaren Punkte schaffen.

Die drei Prüfungsbereiche im ersten Teil (also i.d.R. nach dem 2. Ausbildungjahr) sind **keine Sperrfächer,** das heißt Sie könnten theoretisch hier Fünfer oder sogar Sechser schreiben und trotzdem die Abschlussprüfung bestehen, wenn Sie im zweiten Teil so gut sind, dass Sie insgesamt die Hälfte der Punkte erzielen.

WELCHE MÖGLICHKEIT HABEN SIE, WENN SIE DIE PRÜFUNG NICHT BESTANDEN HABEN?

Bei Nichtbestehen kann die Prüfung **zweimal wiederholt** werden. Mindestens ausreichende Prüfungsleistungen in einzelnen Prüfungsteilen bzw. -bereichen können anerkannt werden.

Falls Sie die schriftliche Prüfung nicht bestehen, müssen auch alle mit der Note 5 oder 6 bewertete Prüfungen des ersten Teils (nach dem 2. Lehrjahr) wiederholt werden.

Eine Teilnahme an der mündlichen Prüfung ist auch bei „Nichtbestehen des schriftlichen Teils" sinnvoll!

Ich wünsche Ihnen nun viel Freude mit dem Prüfungstrainer und einen guten Abschluss!

Lutz Kohlmann
Der Autor

** Hinweis: Die aufgeführten Bestehensregeln orientieren sich in Anlehnung an der Verordnung über die Berufsausbildungen zum Verkäufer und zur Verkäuferin sowie zum Kaufmann und zur Kauffrau im Einzelhandel vom 13. März 2017 (BGBl. I S. 458 vom 20. März 2017) nebst Rahmenlehrplan (Beschluss der Kultusministerkonferenz in der Fassung vom 16. September 2016), veröffentlicht vom W. Bertelsmann Verlag GmbH & Co.KG (wbv) in 33506 Bielefeld; zur vollständigen Absicherung der geltenden Prüfungsanforderungen wenden Sie sich bitte im Einzelfall an Ihre zuständige IHK!*

GESCHÄFTSPROZESSE IM EINZELHANDEL

1 ORGANISATION, LEISTUNGEN UND AUFGABEN; OPTIMIERUNGSMÖGLICHKEITEN AN DEN SCHNITTSTELLEN

2 KERNPROZESSE DES EINZELHANDELS; UNTERSTÜTZENDE PROZESSE

3 AUFGABEN DES CONTROLLINGS

4 QUALITÄTSSICHERNDE MASSNAHMEN; NACHHALTIGKEIT

GESCHÄFTSPROZESSE IM EINZELHANDEL **LÖSUNGEN**

ZUSATZ FORMELSAMMLUNG

1 ORGANISATION, LEISTUNGEN UND AUFGABEN

OPTIMIERUNGSMÖGLICHKEITEN AN DEN SCHNITTSTELLEN

Sie sind Verkaufskraft bei der Warenhaus Huber GmbH mit folgendem Unternehmensprofil beschäftigt.

Name:	Warenhaus Huber GmbH
Geschäftssitz:	Kaufingerstr. 12, 80331 München
Handelsregister:	München HRB 4587
USt-Ident-Nr.:	DE 22 2355566
Betriebsform:	Warenhaus mit Vollsortiment
Mitarbeiter:	120 Mitarbeiter, davon 25 Auszubildende
Geschäftsführer:	Hans Huber
Bankverbindung:	Sparda-Bank München eG, IBAN: DE93700905000001564587, BIC: GENODEF1S04

1 ORGANISATION, LEISTUNGEN UND AUFGABEN; OPTIMIERUNGSMÖGLICHKEITEN AN DEN SCHNITTSTELLEN

1-01 AUFGABEN UND LEISTUNGEN DES AUSBILDUNGSBETRIEBES

„Der Einzelhandel ist überflüssig.
Er verteuert die Ware.
Die Kunden können beim Hersteller oder
beim Großhändler viel billiger kaufen".

Aufgabe:

1. Nehmen Sie Stellung zu der Behauptung im Situationsfall!

____

____

____

2. Nennen und beschreiben Sie vier Aufgaben bzw. Leistungen des Einzelhandels!

1. ______________:

____

____

____

2. ____________:

____

____

____

3. ____________:

____

____

____

4. ____________:

____

____

____

1-02 FIRMIERUNG UND KAUFMANNSEIGENSCHAFTEN

In der Schulung der Warenhaus Huber GmbH nennt der Schulungsleiter, Herr Burkhardt, zum Thema „Firma“ und „Firmengrundsätze“ folgende Beispiele:

(1) Hans Müller führt seit 5 Jahren die H. Müller OHG. Sein Bruder Holger am gleichen Ort möchte ein Geschäft unter dem Namen „H. Müller Feinkost OHG“ eröffnen.

(2) Karin Ludwig will ihren Kiosk in einen Lebensmittelverbrauchermarkt K.L. e.K. umbenennen.

(3) Franz Klammer hat sich vor Eröffnung seines Spielwarengeschäftes beim Gewerbeamt der Gemeinde angemeldet und ins Handelsregister eintragen lassen.

Aufgabe:

1. Was ist laut den Bestimmungen des Handelsgesetzbuches (HGB) unter einer „Firma“ zu verstehen?

> **§ 17 HGB**
>
> (1) Die Firma eines Kaufmanns ist der Name, unter dem er seine Geschäfte betreibt und die Unterschrift abgibt.
>
> (2) Ein Kaufmann kann unter seiner Firma klagen und verklagt werden.

____

____

____

2. Welche drei Firmengrundsätze werden im Ausgangsfall angesprochen und müssen bei der Wahl der Firma beachtet werden? Erläutern Sie diese jeweils!

1. ____________:

____

____

____

2. ____________:

____

____

____

3. ____________:

____

____

____

3. a) Nennen Sie die gesetzlich vorgeschriebenen Bestandteile des Firmennamens!

____

b) Um welche Firmenart handelt es bei der Warenhaus Huber GmbH? (mit Begründung!)

____

____

4. Darf eine bisher existierende Firma fortgeführt werden? Wenn ja, was gilt für den neuen Inhaber zu beachten (mit Begründung!)

____

____

____

____

5. Beantworten Sie in kurzen Antworten folgende Fragen:

a) Wer ist laut HGB „Kaufmann"?

____

b) Wer sind „Nichtkaufleute"? (Beispiel!)

____

c) Worin unterscheidet sich ein „Ist-Kaufmann“ von einem „Kann-Kaufmann“?

1-03 UNTERNEHMENSGRÜNDUNG - HANDELSREGISTER - RECHTSFORMEN

Sebastian Kruse ist nach seiner bestandenen Abschlussprüfung vom Warenhaus Huber ins Angestelltenverhältnis übernommen worden. Da er schon im Rahmen seiner Ausbildung sehr selbständig arbeiten und Verantwortung übernehmen konnte, überlegt er nun, ein eigenes Spielwarengeschäft zu eröffnen.

Aufgabe:

1. Welche persönlichen, sachlichen und rechtlichen Voraussetzungen müsste Sebastian erfüllen, um ein eigenes Einzelhandelsunternehmen gründen zu können? Nennen Sie jeweils drei Punkte!

Persönliche Voraussetzungen:

Sachliche Voraussetzungen:

Rechtliche Voraussetzungen:

2. In der Zeitung findet Sebastian Kruse folgenden Auszug aus dem Handelsregister.

HR A 7025 - 15.05.2006

Spielwaren-Fachgeschäft Franz Müller e.K. in 80337 München (Lindwurmstr. 50), Gegenstand des Geschäftes: Handeln mit Spielwaren aller Art. Geschäftsführer ist Franz Müller, geb. 06.03.1945 München.

HR A 7025 - 30.01.2010

Spielwaren-Fachgeschäft Franz Müller e.K. in 80337 München. Die Firma ist erloschen.

a) Wo muss eine Handelsregistereintragung erfolgen?

b) Wie muss Herr Müller laut Eintragung ins Handelsregister vom 15.05.2006 haften?

____

c) Auf die Handelsregistereintragung vom 30.01.2010 besucht Sebastian Kruse das Geschäft von Herrn Müller und erfährt von ihm, dass er noch Rest Spielwarenbestände besitzt, die er noch unter seinem bisherigen Firmennamen verkaufen möchte. Darf er das laut HGB? (mit Begründung!)

Auszug aus dem HGB:

§ 31 HGB

(1) Eine Änderung der Firma oder ihrer Inhaber sowie die Verlegung der Niederlassung an einen anderen Ort ist nach den Vorschriften des § 29 zur Eintragung ins Handelsregister anzumelden.

(2) Das gleiche gilt, wenn die Firma erlischt. Kann die Anmeldung des Erlöschens einer eingetragenen Wege herbeigeführt werden, so hat das Gericht das Erlöschen von Amts wegen einzutragen.

§ 37 HGB

(1) Wer eine nach den Vorschriften dieses Abschnitts ihm nicht zustehende Firma gebraucht, ist von dem Registergericht zur Unterlassung des Gebrauchs der Firma durch Festsetzung von Ordnungsgeld anzuhalten.

(2) Wer in seinen Rechten dadurch verletzt wird, dass ein anderer eine Firma unbefugt gebraucht, kann von diesem die Unterlassung des Gebrauchs der Firma verlangen. Ein nach sonstigen Vorschriften begründeter Anspruch auf Schadensersatz bleibt unberührt.

____

____

____

d) Wer darf Einsicht ins Handelsregister nehmen?

____

e) Ein Freund von Sebastian Kruse betreibt einen kleinen Kiosk und ist nicht ins Handelsregister eingetragen. Welches Recht hat er bzw. welche Pflicht muss er beachten?

____

f) In welcher Abteilung des Handelsregisters ist die Warenhaus Huber GmbH eingetragen, in welche das Einzelhandelsgeschäft von Sebastian? (mit Begründung!)

____

g) Welche Angaben beinhaltet der Handelsregistereintrag zur Einzelunternehmung?

____

h) Welche Personen einer Firma werden nicht ins Handelsregister eingetragen?

____

3. Vor Gründung eines Betriebes steht ebenso die Entscheidung nach der geeigneten Rechtsform an. Sebastian Kruse arbeitet noch bei der Warenhaus Huber GmbH. Es gibt aber auch Unternehmensformen wie die Einzelunternehmung und Kommanditgesellschaft.

a) Was ist bei der Gründung (Voraussetzungen) dieser 3 Rechtsformen zu beachten?

1. ______________:

____

____

____

2. ______________:

____

____

____

3. ______________:

____

____

____

b) Durch wen und wie werden diese 3 Unternehmen geleitet?

____

____

____

c) Was sind „Einzelunternehmung“ und „KG“?

____

d) Womit haftet der Inhaber bei der Einzelunternehmung und wie sie sieht die Gewinn- und Verlustverteilung bei dieser Rechtsform aus?

____

____

____

e) Worin unterscheiden sich Haftung und Gewinnverteilung bei der KG und der GmbH?

f) Ist ein Wechsel zur Rechtsform „GmbH“ sinnvoll? (mit Begründung!)

4. Einer Ihrer Mitbewerber ist die Textilfachgeschäft Bergmann KG, an der 4 Personen mit folgenden Kapitaleinlagen beteiligt sind:

Komplementär W. Bergmann	120.000,00 €
Komplementär J. Bergmann	90.000,00 €
Kommanditist S. Groll	20.000,00 €
Kommanditistin M. Groll	12.000,00 €

Die Kommanditgesellschaft erwirtschaftet einen Gewinn in Höhe von 54.000,00 €, der laut Gesellschaftsvertrag für jeden Gesellschafter eine 4 %-ige Verzinsung ihrer Kapitaleinlage vorsieht, wobei der Rest des Gewinns in angemessenen Verhältnis verteilt werden soll. Wie hoch ist der Gewinnanteil von Josef Bergmann?

1-04 KOMMANDITGESELLSCHAFT (KG)

Herr Klaus Siebert betreibt als selbstständiger Kaufmann seit einigen Jahren ein Textilgeschäft und möchte mit einem Freund, Peter Grunewald, eine Kommanditgesellschaft gründen.

Finanzierung:	Klaus Siebert	134.000,00 €
	Peter Grunewald	40.000,00 €
Haftung:	Klaus Siebert	(Komplementär)
	Peter Grunewald	(Kommanditist)

Aufgabe:

1. Mit welchem Vermögen haften beide Gesellschafter der KG?

   Komplementär: ____________________

   Kommanditist: ____________________

2. Wer übernimmt gesetzlich von beiden die Geschäftsführung und Vertretung der KG?

   ____

   ____

3. Klaus Siebert möchte sein Unternehmen „Textilland Siebert“ als Namen ins Handelsregister eintragen lassen. Ist diese Bezeichnung laut HGB gültig? *(mit Begründung!!!)*

   ____

   ____

4. Klaus Siebert legt für das erste Geschäftsjahr folgende Planzahlen vor:

Umsatzerlöse	710.000,00 €
Aufwendungen für Waren	320.000,00 €
Handlungskosten	340.000,00 €

Berechnen Sie den Gewinn!

5. Im Falle einer Gewinnerzielung soll es zu folgender Verteilung kommen:

- Herr Siebert erhält vorweg pro Monat 3.000,00 €.
- Jeder Gesellschafter erhält eine 4-prozentige Verzinsung seiner Kapitaleinlage.
- Der Restgewinn wird im Verhältnis der Kapitaleinlagen verteilt.

Ermitteln Sie den Gewinn beider Gesellschafter und tragen Sie Ihre Ergebnisse in folgende Tabelle ein!

	KAPITALEINLAGE	VORWEG-VERTEILUNG (JÄHRLICH)	4 % VERZINSUNG	RESTGEWINN
Klaus Siebert	134.000,00 €			
Peter Grunewald	40.000,00 €			
Gesamt	174.000,00 €			

1-05 UNTERNEHMENSGRÜNDUNG (UG)

Ihre Freundin beabsichtigt, ein eigenes Unternehmen zu gründen. Um ihr bei den Formalitäten zur Anmeldung helfen zu können, verschaffen Sie sich anhand der folgenden Informationen einen Überblick:

Unternehmensform: Unternehmergesellschaft UG (haftungsbeschränkt)
Sortiment: Kinderschuhartikel
Ladenlokal: 150 m^2
Standort: Randlage

Musterprotokoll für die Gründung der Einpersonengesellschaft

Heute, den 15. Mai ....
erschien vor mir, Dr. Klaus Müller
Notar mit dem Amtssitz in Marktstr. 2, 86343 Augsburg

Herr / Frau Birgit Grundmann
Gartenstr. 5
86152 Augsburg

1. Die Erschienene errichtet hiermit nach § 2 Abs. 1a GmbH-Gesetz eine Gesellschaft mit beschränkter Haftung unter der Firma

   JollyWalker UG (haftungsbeschränkt)
   mit dem Sitz in 86529 Augsburg, Westendstr. 5

2. Gegenstand des Unternehmens ist ...

Aufgabe:

1. Geben Sie zwei Informationen an, die in das Handelsregister eingetragen werden müssen!

____

2. Begründen Sie, ob der Eintrag der Firma in Ziffer 1 laut HGB erlaubt ist!

____

____

3. Ergänzen Sie die Angabe in Ziffer 2 zum Unternehmen!

____

4. Erläutern Sie die folgenden Firmengrundsätze, die Frau Grundmann beachten muss!

Firmenwahrheit: ______________________________

____

Firmenausschließlichkeit: ______________________________

____

1-06 KAPITALBESCHAFFUNG I

Die Geschäftsleitung des Warenhauses Huber möchte ihr Sortiment erweitern. Um diese Maßnahmen finanzieren zu können, hat sie von einer Bank ein Darlehensangebot über 50.000,00 € zu einem Zinssatz von 6,5 % bei einer Laufzeit von zwei Jahren eingeholt.

Eine andere Möglichkeit wäre, die Einlage der Gesellschafterin Frau Gerber durch Gewinnanteile des Vorjahres um 25.000,00 € zu erhöhen, Frau Merker eine Beteiligung von 10.000,00 € anzubieten und den Anteil des Herrn Franz um 20.000,00 € zu erhöhen.

Des weiteren bietet ein Lieferant an, die erforderlichen Waren über 42.000,00 € mit einem Zahlungsziel von 60 Tagen zu liefern und bei vorzeitiger Zahlung binnen 14 Tagen 3 % Skonto zu gewähren.

Aufgabe:

1. Nennen und beschreiben Sie zwei allgemeine Arten der Finanzierung!

____________:

____

____

____

____________:

____

____

____

2. Welche Vorteile liegen ...

a) in der Aufnahme eines Darlehens bei der Bank

____

____

____

b) in der Erhöhung der Einlage von Frau Gerber

____

____

____

c) in der Beteiligung von Frau Merker

____

____

d) in der Inanspruchnahme eines Liefererkredites

3. Welche Finanzierungsart würden Sie dem Warenhaus empfehlen? (mit Begründung!)

4. Berechnen Sie mithilfe der Angaben der Ausgangssituation

a) die anfallenden Zinsen beim Darlehenskredit und die Gesamthöhe der Bankforderungen!

b) beim Liefererkredit den Skontobetrag und den zu zahlenden Rechnungsbetrag!

5. Wodurch könnte der Wareneinkauf noch besser finanziert werden als durch einen Liefererkredit? (mit Begründung!)

6. Was ist ein „Kontokorrentkredit“ und wofür wäre er geeignet?

1-07 KAPITALBESCHAFFUNG II

Die Warenhaus Huber GmbH plant die Anschaffung eines *„self-scanning Systems"*.

Von der Hausbank sowie der Leasing Systems GmbH liegen Ihnen zur Finanzierung folgende Angebote vor:

Abb.: mrkob © istockphoto.com

KREDITANGEBOT DER HAUSBANK				
JAHR	KREDITBETRAG ZU JAHRESBEGINN	JÄHRLICHE TILGUNG	ZINSEN (9 % P.A.)	BELASTUNG PRO JAHR
1	48.000,00 €	9.600,00 €	4.320,00 €	13.920,00 €
2	38.400,00 €	9.600,00 €	3.456,00 €	13.056,00 €
3	28.800,00 €	9.600,00 €	2.592,00 €	12.192,00 €
4	19.200,00 €	9.600,00 €	1.728,00 €	11.328,00 €
5	9.600,00 €	9.600,00 €		
		48.000,00 €		

LEASINGANGEBOT DER LEASING SYSTEM GmbH		
Abschlussgebühr:	6 % des Anschaffungswertes, fällig mit der 1. Leasingrate	
Leasingrate pro Jahr:	25 % des Kaufpreises, zahlbar jeweils am Jahresende	
Summe:		

Aufgabe:

Berechnen Sie für die 2 Angebote die Gesamtbelastung und tragen Sie Ihre Ergebnisse in die grau unterlegten Felder ein! (mit Rechenweg)

1-08 KAPITALBESCHAFFUNG III

Für die Sortimentserweiterung der Spielwarenabteilung muss eine Abteilung umgebaut werden. Hierzu liegen Ihnen zwei Finanzierungsangebote vor, die Sie überprüfen sollen.

	KREDITBANK MAXI	GUTFINANZIERUNGSBANK
Darlehenssumme:	60.000,00 €	60.000,00 €
Zinssatz p.a.:	4,8 %	4,75 %
Laufzeit:	5 Jahre	5 Jahre
Zinsfestschreibung:	5 Jahre	5 Jahre
Zinszahlung:	jährlich	jährlich
Tilgung:	jährlich 12.000 €	am Ende der Laufzeit gesamt
Sonstige Angaben:	langjähriger Geschäftspartner	keine

Aufgaben:

1. Bearbeiten Sie beide Finanzierungsangebote dahingehend, dass Sie in den Tabellen die grauen Felder ausfüllen!

KREDITBANK MAXI				
JAHR	DARLEHEN ZU BEGINN DES JAHRES	ZINSEN 4,8 %	TILGUNG AM ENDE DES JAHRES	RESTSCHULD AM ENDE DES JAHRES
1. Jahr	60.000,00 €	2.880,00 €	12.000,00 €	48.000,00 €
2. Jahr	48.000,00 €	2.304,00 €	12.000,00 €	36.000,00 €
3. Jahr	36.000,00 €	1.728,00 €	12.000,00 €	24.000,00 €
4. Jahr	24.000,00 €	1.152,00 €	12.000,00 €	12.000,00 €
5. Jahr				

GUTFINANZIERUNGSBANK				
JAHR	DARLEHEN ZU BEGINN DES JAHRES	ZINSEN 4,75 %	TILGUNG AM ENDE DES JAHRES	RESTSCHULD AM ENDE DES JAHRES
1. Jahr	60.000,00 €			60.000,00 €
2. Jahr	60.000,00 €			60.000,00 €
3. Jahr	60.000,00 €			60.000,00 €
4. Jahr	60.000,00 €			60.000,00 €
5. Jahr	60.000,00 €			

2. Sie entscheiden sich für das Angebot der Kreditbank Maxi. Begründen Sie in 2 Punkten, warum Sie sich für dieses Angebot entscheiden.

1-09 KONTOKORRENTKREDIT

Für Ihre TV-Abteilung bestellen Sie als MitarbeiterIn der Warenhaus Huber GmbH beim Elektrogroßhändler 6 LED-Fernseher. Die beiliegende Rechnung enthält folgende Angaben:

Rechnung

Rechnungsnummer	Kundennummer	Datum
08925647	4512	12.10.20..

Artikelbezeichnung	Art.-Nr.	Menge	Einzelpreis		Gesamtpreis
Samso „Starlight“	569825	6	890,00 €		5.340,00 €
				10 % Rabatt	534,00 €
					4.806,00 €
				19 % USt	913,14 €
					5.719,14 €

Überweisung auf das Konto der Sparkasse Nürnberg IBAN: DE93702907000001415878, BIC: GENO-DEF1S04. Bei Zahlung innerhalb 10 Tagen ab Rechnungsdatum 3 % Skonto oder innerhalb von 30 Tagen

Aufgabe:

1. Um Skonto ausnutzen zu können, nimmt die Warenhaus Huber GmbH den Kontokorrentkredit bei der Hausbank in Anspruch. Die Bank berechnet 9 % p.a. Zinsen. Berechnen Sie den Überweisungsbetrag in Euro, wenn die Rechnung am 23.10. beglichen wird!

2. Berechnen Sie die Zinsen, die für die Inanspruchnahme des Kontokorrentkredites zu zahlen sind!

3. Die Warenhaus Huber GmbH erzielt trotz Zinsbelastung durch die Hausbank durch die frühzeitige Zahlung nach Abzug von Skonto eine Ersparnis. Berechnen Sie die Brutto-Ersparnis!

1-10 LEASING

Die Warenhaus Huber GmbH beabsichtigt für die Belieferung der Kunden einen Transporter zu leasen. Ihnen liegen folgende Zahlen vor:

Anfangswert:	28.000,00 €
Einmalzahlung:	6.000,00 €
effektiver Zinssatz:	8,5 % p. a.
Leasingrate:	515,57 €
Ratenintervall:	monatlich
Laufzeit:	36 Monate
Restwert:	7.000,00 €

Abb.: Thorben Wengert/pixelio.de

Aufgabe:

1. Berechnen Sie den Leasing-Gesamtaufwand für 36 Monate in Euro!

2. Was versteht man unter Leasing?

3. Welche Inhalte sind in einem Leasingvertrag vereinbart?

4. Welche Vor- und Nachteile ergeben sich durch die Leasingfinanzierung für das Warenhaus Huber?

Vorteile:

Nachteile:

1-11 UNTERNEHMUNGSKRISEN

Im Zuge einer strategischen Neuorientierung einer bekannten Unternehmensgruppe mit Sitz in Hamburg sollen von 230 Filialen zirka 100 geschlossen werden. Durch die Umstrukturierung fällt die Münchner Filiale dem radikalen Sparkurs zum Opfer. Die neu bestellte Geschäftsleitung erstellte als Sofortmaßnahme einen 10-Punkte-Plan zur Sanierung des Unternehmens.

Aufgabe:

1. Nennen Sie drei innerbetriebliche und drei außerbetriebliche Gründe, die das Unternehmen in eine Unternehmenskrise geführt haben könnten!

2. Welche 4 Möglichkeiten zur Behebung von Unternehmenskrisen stehen einem betroffenen Betrieb zur Verfügung? Erläutern Sie diese!

____________:

____________:

____________:

____________:

3. Nennen Sie 3 Sanierungsmaßnahmen, die im 10-Punkte-Plan gestanden haben könnten!

4. Inwiefern unterscheidet sich ein Stundungsvergleich von einem Erlassvergleich?

5. Aus welchen Gründen kann ein Antrag auf Eröffnung des Insolvenzverfahrens gestellt werden? Wer ist jeweils berechtigt diesen Antrag zu stellen und bei welcher Behörde kann der Antrag gestellt werden?

6. Erklären Sie den Begriff „Masseverbindlichkeiten“ und nennen Sie ein Beispiel!

1-12 AUFBAUORGANISATION UND VOLLMACHTEN

Im Warenhaus Huber sowie in jedem Einzelhandelsbetrieb muss gewährleistet sein, dass die anfallenden Arbeiten reibungslos und mit dem geringsten Aufwand erledigt werden. Alle Maßnahmen, die hierzu ergriffen werden, betreffen die „Organisation“ eines Betriebes.

Aufgabe:

1. Welche Aufgaben sind in einem Betrieb zu bewältigen?

2. Wer erledigt die Aufgaben dort?

____

____

____

____

3. Wie werden die Aufgaben gelöst?

____

____

____

____

4. Wer darf die Anweisungen erteilen?

____

____

____

____

5. Finden Sie anhand des Schaubildes die zwei folgenden Prinzipien heraus und benennen Sie diese!

a) Objektprinzip: ____

____

b) Verrichtungsprinzip: ____

____

6. Im Warenhaus Huber sind momentan 145 Mitarbeiter beschäftigt. Alle haben ihre eigenen Aufgaben und Zuständigkeiten sowie entsprechende Vollmachten. Unter anderem sind folgende Personen beschäftigt:

Frau Gerber: 51 Jahre, Abteilungsleiterin der Damenabteilung
Herr Engl: 45 Jahre, Prokurist und seit einem Jahr im Unternehmen
Frau Brendel: 34 Jahre, Fachverkäuferin in der Fotoabteilung

Herr Müller, Azubi im 1. Ausbildungsjahr darf jetzt einmal Geld von einem säumigen Kunden kassieren.

a) Welche der genannten Personen besitzt nur eine“Artvollmacht“ (mit Begründung!)?
Wer darf ihr Vollmacht erteilen?

____

____

____

b) Welche der genannten Personen besitzt die „Allgemeine Handlungsvollmacht“? Welche Rechtsgeschäfte darf sie durchführen und für welche Tätigkeiten benötigt sie eine Sondervollmacht?

c) Welche der genannten Personen besitzt augenblicklich eine „Einzelvollmacht“ und wer darf ihr eine solche Vollmacht erteilen?

d) Welche Person hat Herrn Engl die Prokura erteilt und welche Rechtsgeschäfte darf er durchführen?

e) Welche Tätigkeiten darf Herr Engl auf keinen Fall übernehmen und mit welchem Zusatz unterschreibt er?

f) Nennen und erläutern Sie drei Arten der Prokura!

g) Wo muss die Prokura eingetragen werden?

1-13 KOOPERATIONSFORMEN

Der Einkauf bei den meisten Filialbetrieben des Einzelhandels verläuft wie folgt:

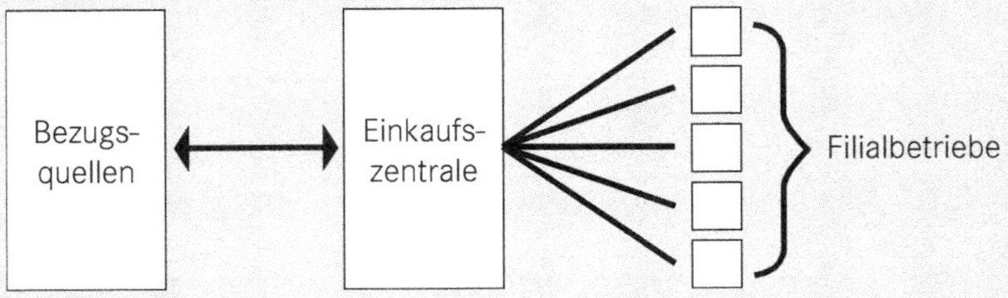

Bezugs-quellen ⟷ Einkaufs-zentrale → Filialbetriebe

Aufgabe:

1. Was spricht für den „zentralen“ Einkauf?

2. Warum arbeiten Einzelhandelsbetriebe mit anderen Unternehmen zusammen (= Kooperation)?

3. Erklären Sie die folgenden Begriffe:

a) Rack-Jobber-System:

b) Einkaufsgenossenschaft:

c) Freiwillige Ketten:

4. Was würde im Rahmen des Einkaufs für ein Kommissionsgeschäft sprechen?

1-14 SCHLECHTLEISTUNG I

Sie arbeiten in der Warenhaus Huber GmbH und erhalten folgende Fehlermeldung:

<table>
<tr><td colspan="4">Wareneingang: 06.07......</td><td>Lieferer:
Fa. Bernd Grothe & Sohn OHG
Fabrikation von Sportbekleidung
Sonnenstraße 40
38100 Braunschweig</td></tr>
<tr><td colspan="5">Fehlermeldung</td></tr>
<tr><td>Ware</td><td>Bestell-Nr.</td><td>Gelieferte Anzahl</td><td>Fehlerhafte Anzahl</td><td>Beanstandung</td></tr>
<tr><td>Jogginganzüge
Grothe Prestige
Größe 44

Grothe Prestige
Größe 38</td><td>17649

17647</td><td>99

-</td><td>4

-</td><td>- 1 Anzug zu wenig geliefert;
- 1 Anzug weist unsaubere Nähte auf;
- 2 Anzüge mit Rissen im Oberstoff
- Es wurden 50 Anzüge Grothe Sierra geliefert</td></tr>
<tr><td colspan="4">geprüft: Ludwig Schramm</td><td>Datum: 06.07.....</td></tr>
</table>

Aufgabe:

1. Welche Mängel liegen vor?

____

____

____

2. Welche anderen Mängel gibt es noch?

____

____

____

3. Welche zwei Rechte stehen der Warenhaus Huber GmbH vorrangig nach dem Bürgerlichen Gesetzbuch (BGB) zu?

____

____

4. Welches dieser zwei vorrangigen Rechte wird die Firma Grothe & Sohn OHG der Warenhaus Huber GmbH wahrscheinlich gewähren? (mit Begründung!)

____

____

____

5. Nennen Sie drei Gründe, warum vorrangige Rechte nicht immer erfüllt werden können und die Warenhaus Huber GmbH auf nachrangigen Rechten bestehen müsste?

6. Welche vier Rechte stehen einem Käufer wie die Warenhaus Huber GmbH nachrangig nach BGB zu?

7. Wie lange muss der Hersteller laut BGB eine Sachmangelhaftung (Gewährleistung) anbieten?

8. Was verstehen Sie unter der Beweisumkehrlast im Rahmen der Schlechtleistung?

9. Worin liegt der Unterschied zwischen einer „Gewährleistung" und einer „Garantie"?

10. Worin unterscheidet sich die Gewährleistung beim „bürgerlichen Kauf" und beim „Verbrauchsgüterkauf"?

1-15 SCHLECHTLEISTUNG II

Das Warenhaus Huber bietet seiner Kundschaft aktuell neue „Smartwatches“ an. Allerdings gelten ab dem 1. Januar 2022 im Rahmen des Kaufrechts neue Regelungen bei Gewährleistung und Mängelhaftung.

Aufgabe:

1. Wen betrifft das neue Kaufrecht?

2. Von welchem Zeitpunkt an gilt das reformierte Kaufrecht?

3. Welche Produkte sind insbesondere von der Aktualisierungspflicht betroffen?

4. Zu welchen Dingen ist der Verkäufer dem Verbraucher gegenüber der Aktualisierung verpflichtet?

5. Wie lange muss der Verkäufer das Produkt aktualisieren?

6. Wie lang beträgt die Beweiskehrlastumkehr nach neuem Kaufrecht?

7. Was muss der Verkäufer bei Verkauf von B-Ware beachten?

8. Was hat sich für den Käufer geändert, wenn die Ware Mängel haben sollte?

9. Was muss künftig hinsichtlich der Garantieerklärung gelten?)

1-16 NICHT-RECHTZEITIG-LIEFERUNG

Für einen Kunden des Warenhauses Huber nehmen Sie eine Sonderbestellung vor. Obwohl der Lieferer einer unverzüglichen Lieferung zugestimmt hat, ist die Lieferung nach 14 Tagen immer noch nicht eingetroffen. Der Kunde hat bereits mehrfach nachgefragt.

Aufgabe:

1. Erläutern Sie, ob sich der Lieferer und das Warenhaus Huber im Lieferungsverzug befinden? (mit Begründung!)

2. Welche rechtlichen Möglichkeiten haben Sie, gegen den Lieferer vorzugehen?

3. Wie verhalten Sie sich Ihrem Kunden gegenüber?

4. Was lernen Sie aus den Erfahrungen für die Zukunft?

1-17 NICHT-RECHTZEITIG-ZAHLUNG I

Ein Sportverein aus der 3. Liga bestellte 25 Sportausrüstungen zum Preis von 10.000,00 €. Diese wurden am 15. Mai geliefert. Als Zahlungstermin wurde „Ende Mai" vereinbart (Rechnungsdatum 15.05.).
Am 22. Juni bemerkt die Rechnungsabteilung des Warenhauses Huber, dass immer noch keine Zahlung erfolgt ist.

Aufgabe:

1. Warum sollte das Warenhaus Huber auf einer pünktlichen Zahlung seiner Forderung bestehen? Nennen Sie drei Aspekte!

2. Welche zwei Verjährungsfristen gilt es zu beachten?

3. Wie kann das Warenhaus Huber die Terminüberwachung organisatorisch am besten durchführen?

4. a) Wann geriet der Sportverein in Zahlungsverzug? Begründen Sie Ihre Entscheidung!

b) Nennen Sie zwei weitere Zahlungsvereinbarungen (-termine)!

5. a) Wodurch kommt ein Schuldner in Verzug, wenn kein kalendermäßig bestimmter Zahlungstermin vereinbart wurde?

b) Wann tritt der Zahlungsverzug bei unbestimmten Terminen spätestens ein?

6. a) Welche Rechte kann ein Gläubiger nach Eintritt des Zahlungsverzuges sofort beanspruchen, ohne eine Nachfrist zu setzen?

b) Welche Rechte kann ein Gläubiger erst nach erfolglosem Ablauf einer angemessenen Nachfrist geltend machen?

c) Welche der vier Rechte würde das Warenhaus Huber in den folgenden Fällen beanspruchen?

1. Beim Sportverein ist eine Insolvenz zu befürchten. Die unter Eigentumsvorbehalt gelieferten Waren wurden schon benutzt.

2. Bei der Zahlungsverzögerung handelt es sich um ein Versehen.

3. Wie sähe der Fall 1 aus, wenn die Ware noch unbenutzt beim Sportverein liegen würde und ein anderer Kunde sogar bereit wäre einen höheren Preis für die Ware zu zahlen?

d) Wie viel Euro Verzugszinsen könnte das Warenhaus Huber laut Gesetz verlangen, wenn der Sportverein die Rechnung am 5. Juli begleicht? Der Basissatz beträgt 1,37 %, der Zinssatz 5 %.

7. Wir erhalten eine Rechnung über 5.800,00 € vom 1. März. Die Zahlungsbedingungen lauten: Zahlung innerhalb von 10 Tagen abzüglich 3 % Skonto, 30 Tage netto Kasse.

a) Wie hoch ist der Skontobetrag und Überweisungsbetrag in Euro?

b) Wie hoch ist die effektive Verzinsung für den Lieferantenkredit in Prozent?

c) Zur Begleichung der Rechnung nehmen wir vom 9. März bis 1. April ein Darlehen auf, für das wir 10 % Zinsen von der Kreditsumme zahlen. Lohnt sich das?

1-18 NICHT-RECHTZEITIG-ZAHLUNG II

Sie sind zurzeit in der Verwaltung des Warenhauses Huber und sollen die Termine der Zahlungseingänge überwachen. Prüfen Sie anhand der folgenden Rechnung und Offenen-Posten-Liste die Situation um Herrn Kunze:

Warenhaus GmbH

Warenhaus GmbH - Kaufingerstr. 12 - 80331 München

Lars Kunze
Schwindstr. 10
81667 München

Rechnung/ Lieferschein

Rechnungsnummer	Kundennummer	Datum
2786	1234	15.01.2018

Artikelbezeichnung	Art.-Nr.	Menge	Einzelpreis		Gesamtpreis
Kühlschrank KFG	3467	1	755,46 €		755,46 €
				19 % USt.	143,54 €
					899,00 €

Zahlbar bis spätestens 22.01.2018

Offene-Posten-Liste:

Kunde	Kd.-Nr.	Re.-Nr.	Re.-Datum	Rechnungs-betrag	Fällig am	Zahlungs-eingang	Zahlungs-verzug ab	Maß-nahmen
Kunze	1234	2786	15.01.2018	899,00 €				1. Mahnung 27.02.18
								2. Mahnung 13.03.18
								3. Mahnung 27.03.18

Aufgabe:

1. Wann ist die Zahlung fällig und ab welchem Zeitpunkt gerät Herr Kunze in Verzug?

____

2. Warum liegt ein Zahlungsverzug vor?

____

____

3. Welche zwei Rechte könnten Sie gegenüber der Firma Kunze geltend machen?

- ______________________________
- ______________________________

4. Trotz aller Bemühungen zahlt die Firma Kunze ihre Rechnung nicht. Am 10.04.2018 stellen Sie den Antrag auf Erlass eines Mahnbescheides. Berechnen Sie mithilfe der folgenden Informationen den Gesamtbetrag Ihrer Forderung!

(Abb. Auszug aus dem Antragsformular des Mahnbescheides)

<table>
<tr><td colspan="4">III. Ausgerechnete Zinsen
Gemäß dem Antraggegner mitgeteilter Berechnung für die Zeit</td></tr>
<tr><td>vom</td><td>bis</td><td>Betrag</td><td></td></tr>
<tr><td></td><td>10.04.2018</td><td></td><td></td></tr>
<tr><td colspan="4">IV. Andere Nebenforderungen</td></tr>
<tr><td>Mahnkosten
Betrag</td><td>Auskünfte
Betrag</td><td>Bankrücklastkosten
Betrag</td><td>Inkassokosten
Betrag</td></tr>
<tr><td>18,50 €</td><td></td><td></td><td></td></tr>
</table>

(Abb. Auszug aus dem BGB)

§ 288 BGB Verzugszinsen

(1) Eine Geldschuld ist während des Verzugs zu verzinsen. Der Verzugszinssatz beträgt für das Jahr fünf Prozentpunkte über dem Basiszinssatz.

(2) Bei Rechtsgeschäften, an denen ein Verbraucher nicht beteiligt ist, beträgt der Zinssatz für Entgeltforderungen neun Prozentpunkte über dem Basiszinssatz.

(3) Der Gläubiger kann aus einem anderen Rechtsgrund höhere Zinsen verlangen.

(4) Der Geltendmachung eines weiteren Schadens ist nicht ausgeschlossen.

(Abb. Information der Deutschen Bundesbank)

Geltungszeitraum	Basiszinssatz
01.01.2016 - 30.06.2016	-0,83 %
01.07.2016 - 31.12.2016	-0,88 %
01.01.2017 - 30.06.2017	-0,88 %
01.07.2017 - 31.12.2017	-0,88 %
01.01.2018 - 30.06.2018	-0,88 %

5. Nennen Sie drei Möglichkeiten, die die Firma Kunze nach Erhalt eines Mahnbescheides hat!

- ______________________________
- ______________________________
- ______________________________

6. Welche zwei Gründe könnten Kunden haben, ihre Rechnung nicht zu bezahlen!

- ______________________________
  ____
- ______________________________
  ____

7. Begründen Sie, warum pünktliche Zahlungseingänge für das Warenhaus Huber so wichtig sind!
Nennen Sie hierzu drei Punkte!

- ______________________________
- ______________________________
- ______________________________

1-19 MAHNVERFAHREN

Ein Lieferant der Warenhaus Huber GmbH hat noch eine Rechnung offen. Diese Forderung sollen Sie schnell eintreiben und den Lieferanten mahnen. Trotz mehrerer Mahnungen begleicht der Lieferant die Rechnung nicht. Nachdem vage Zahlungsversprechen das Verfahren verzögern wollten, berät die Geschäftsleitung nun, ob ein gerichtliches Mahnverfahren eingeleitet werden sollte.

Aufgabe:

1. Warum sollten Sie im 1. Schreiben nicht in scharfem Ton und im Mahnschreiben nicht mit gerichtlichen Schritten gleich drohen?

2. a) Nennen und beschreiben Sie die 4 Schritte der außergerichtlichen Mahnung!

_______________:

_______________:

_______________:

_______________:

b) Ordnen Sie die vier in 2a) genannten Begriffe den folgenden Aussagen zu:

AUSSAGEN	BEGRIFF
„Leider haben Sie unsere Zahlungserinnerung vom ... nicht beachtet“.	
„Sollten Sie bis zum ... die Zahlung beglichen haben, werden wir gerichtliche Schritte gegen Sie einleiten“.	
„Trotz unserer Zahlungserinnerung und der anschließenden Mahnung haben Sie bis heute die Rechnung immer noch nicht beglichen“.	
„Da Sie wahrscheinlich übersehen haben, die Rechnung vom ... über ... € noch zu begleichen, möchten wir Sie bitten, sie noch zu begleichen“.	

3. Beschreiben Sie in kurzen Worten den Ablauf des gerichtlichen Mahnverfahrens!

4. Wodurch wird das gerichtliche Mahnverfahren eingeleitet?

5. Sie erhalten einen gerichtlichen Mahnbescheid auf eine nicht bezahlte Rechnung für Waren, die sie nie bestellt haben. Wie verhalten Sie sich darauf?

6. Was versteht man unter „Vollstreckungstitel“?

7. Wie lange hat der Schuldner Zeit, um gegen den Vollstreckungsbescheid Einspruch einzulegen?

8. Was ist das Ziel des gerichtlichen Mahnverfahrens?

1-20 ALLGEMEINE GESCHÄFTSBEDINGUNGEN

In den Allgemeinen Geschäftsbedingungen des Warenhauses Huber findet der Kunde folgende Klausel:

„Sonderangebot! Verkauf erfolgt unter Ausschluss jeglicher Gewährleistung“

An der Kasse weisen Sie als Kassierkraft den Kunden bei der Bezahlung an der Kasse ausdrücklich auf diese Bestimmung laut AGB hin. Erst zu Hause erkennt der Kunde die Tragweite dieser Bestimmung und klagt vor dem Amtsgericht mit der Begründung, diese Klausel sei unzulässig.

Aufgabe:

1. Was versteht man unter „Allgemeine Geschäftsbedingungen“?

2. Was beinhalten die „Allgemeinen Geschäftsbedingungen“? Nennen Sie hierzu 4 Inhalte!

3. Wo findet man die „Allgemeinen Geschäftsbedingungen“?

4. Wann werden die „Allgemeinen Geschäftsbedingungen“ Vertragsbestandteil?
   Welche Mindestvoraussetzungen müssen gelten?

5. Worin unterscheidet sich eine „Individualabrede“ von den AGBs laut BGB?

6. Was versteht man unter „überraschende Klauseln“?

7. Nennen Sie drei „verbotene und unwirksame Klauseln“ laut BGB bei Verbrauchergeschäften!

8. Welche wirtschaftliche Bedeutung haben die Allgemeinen Geschäftsbedingungen?

2
KERNPROZESSE DES EINZELHANDELS

UNTERSTÜTZENDE PROZESSE

2 KERNPROZESSE DES EINZELHANDELS; UNTERSTÜTZENDE PROZESSE

2-01 SORTIMENTSGESTALTUNG

Der in der Nähe vom Warenhaus Huber gelegene Supermarkt Müller bietet vorwiegend Waren des täglichen Bedarfs an. Da der Umsatz im Vergleich zur Konkurrenz in den letzten Monaten rückläufig ist, denkt die Geschäftsleitung über eine Neugestaltung ihres Sortimentes nach.

Aufgabe:

1. Was versteht man unter dem Begriff „Sortiment"?

2. Geben Sie einen Sortimentsüberblick in Form einer Sortimentspyramide, indem Sie die Nummern der folgenden Fachbegriffe und Beispiele in die richtige Reihenfolge bringen und jeweils in die Sortimentspyramide eintragen!

Fachbegriffe:		Beispiele:	
1	Artikel	**A**	Lebensmittel
2	Warenbereich (Branche)	**B**	Getränke / Obst / Süßwaren ...
3	Warenart	**C**	Heilwasser / Tafelwasser ...
4	Sorte	**D**	Wasser / Limonade
5	Warengruppe	**E**	Gero Sprudel

SORTIMENTSPYRAMIDE

Fachbegriffe und Beispiel:

3. Was gehört im Supermarkt Müller zum „Kern- und Randsortiment" und worin unterscheiden sie sich im Wesentlichen?

4. Nennen Sie drei geeignete Maßnahmen, den Umsatz in den nächsten Monaten zu steigern!

5. Welche Sortimentsstrategie würde der Supermarkt Müller verfolgen, wenn er ...

a) zum bestehenden Sortiment Artikel aufnehmen würde, die mit dem Hauptsortiment wenig bzw. nichts zu tun haben?

b) zusätzliche Lebensmittelartikel ins Sortiment aufnehmen würde?

c) einige Artikel komplett aus dem Sortiment nehmen würde?

d) modisch / technisch veraltete Artikel durch Neue ersetzen würde?

6. Was unterscheidet einen Supermarkt „Müller“ von einem Discountgeschäft, das auch Lebensmittel anbietet? Nennen Sie hierzu drei wesentliche Unterschiede!

7. Erläutern Sie die Begriffe „Auslaufsortiment“ und „Saisonsortiment“!

2-02 SORTIMENTS- UND MARKENPOLITIK

Da der Absatz der Warenhaus Huber GmbH im laufenden Geschäftsjahr zurückgegangen ist, werden Sie gebeten an der Entwicklung neuer Möglichkeiten zur Sortimentsoptimierung mitzuarbeiten.

Aufgabe:

1. Welche Produktmerkmale könnten für den Verkaufserfolg entscheidend sein? Geben Sie drei an!

2. In Ihrem Sortiment bieten Sie neben Herstellermarken auch so genannte „Eigenmarken" an. Welche Vorteile könnte das für Ihr Unternehmen haben?

3. Warum sollten Eigenmarken in der verkaufsstarken als auch in der verkaufsschwachen Zone platziert werden. Begründen Sie jeweils Ihre Entscheidung!

Verkaufsschwache Zone:

Verkaufsstarke Zone:

4. Nennen Sie zwei Beispiele, wie Sie Ihr Sortiment nach den Grundsätzen von *„Visual Merchandising"* gestalten können.

Foto: Grey59/pixelio.de

Foto: Peter Smola/pixelio.de

2-03 BEDARFSERMITTLUNG UND EINKAUFSPLANUNG

Als Mitarbeiter der Textilabteilung in Warenhaus Huber GmbH sind Sie für die Warenbeschaffung zuständig. Um ein bedarfsgerechtes Sortiment zu erhalten, muss unter Einbeziehung verschiedener Absatzmarktdaten ein Beschaffungsplan erstellt werden.

Aufgabe:

1. Welche Faktoren nehmen Einfluss auf Ihre Beschaffungsplanung (Disposition)? Formulieren Sie diese als Fragen!

2. Ein wichtiges Instrument zur Gewinnung von Absatzmarktdaten ist die Verkaufsdatenanalyse (Marktforschung). Erläutern Sie in diesem Zusammenhang die Begriffe „Marktanalyse“und „Marktbeobachtung“!

3. Nennen Sie drei Daten(-sätze), die die Marktanalyse und -beobachtung liefert!

4. Ein großes Risiko beim Wareneinkauf ist die Festlegung der Bestellmenge.
Welche Auswirkungen hat der Einkauf ...

a) einer zu „großen“ Warenmenge?

b) einer zu „kleinen“ Warenmenge?

5. Ermitteln Sie mithilfe der folgenden Tabelle die optimale Bestellmenge!

ANZAHL DER BESTELLUNGEN	BESTELLMENGE	LAGERHALTUNGS-KOSTEN IN €	BESTELLKOSTEN IN €	GESAMTKOSTEN IN €
1	1.000	300,00	30,00	330,00
2	600	180,00	60,00	240,00
3	350	105,00	90,00	195,00
4	230	69,00	120,00	189,00
5	180	54,00	150,00	204,00

2-04 BESCHAFFUNGSPLANUNG

Die Geschäftsleitung der Warenhaus Huber GmbH beauftragt Sie bei der Beschaffung neuer Artikel für die Textilabteilung mitzuwirken.

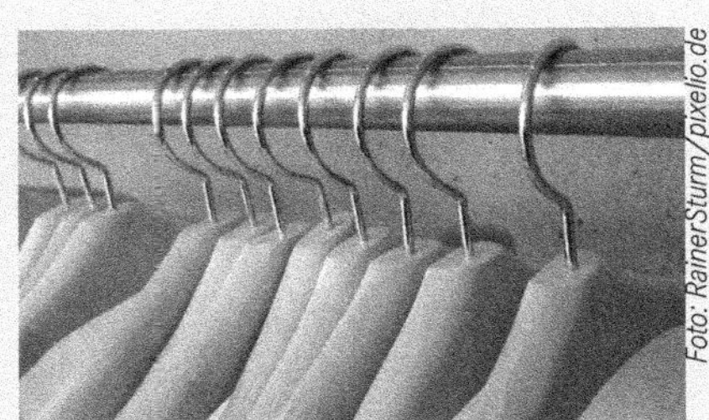
Foto: RainerSturm/pixelio.de

Aufgabe:

1. Formulieren Sie drei Fragen, die im Rahmen des Einkaufsplanung wichtig sind!

2. Mit Ihrem Vorgesetzten besuchen Sie eine Textilfachmesse. Welche Vorteile könnte dieser Besuch haben?

3. Nennen Sie neben der Textilfachmesse noch weitere Informationsquellen, um geeignete Lieferanten zu finden!

4. Nach dem Einkauf verschiedener Textilien auf der Fachmesse planen Sie für Ihr Warenhaus in München die Durchführung einer Modenschau. Ihnen steht ein Budget von 8.000,00 € zur Verfügung. Um auf diese Veranstaltung aufmerksam zu machen, steht Ihnen ein Preiskatalog für folgende Marketingmaßnahmen zur Verfügung. Wählen Sie geeignete Werbemittel und begründen Sie Ihre Entscheidung!

WERBEMEDIUM	KOSTEN	VERWENDUNG		BEGRÜNDUNG
		JA	NEIN	
Modenschau	3.500,00 €			
Anzeige in überregionaler Tageszeitung	4.200,00 €			
Anzeige in regionaler Tageszeitung	2.800,00 €			
Plakatwerbung DIN A1	170,00 €/50 Plakate			
Kinowerbung	1.400,00 €/Monat			
Monatliche Fachzeitschrift	3.100,00 €			
Showprogramm	1.400,00 €			
Flyer	56,00 €/2.500 Stück			
Gesamtkosten:		Fazit:		

5. Zur Modenschau wollen Sie den Hersteller dieser Artikel einladen.
Welche Vorteile könnte Ihre Einladung haben?

6. Nach der Durchführung der Modenschau möchten Sie wissen, ob sie erfolgreich war.
Geben Sie Kriterien an, die den Erfolg messen könnten!

2-05 BESCHAFFUNGSPLANUNG UND -DURCHFÜHRUNG

In der Schuhabteilung des Warenhauses Huber wollen Sie zum Frühlingsstart neue Sportschuhe ins Sortiment aufnehmen.

1. Nennen Sie bevorstehende Arbeitsschritte bis zur Festlegung eines geeigneten Lieferanten!

1. Schritt: Sie einigen sich auf konkrete Eigenschaften der neu zu beschaffenden Ware

2. Schritt: ______________________________

3. Schritt: ______________________________

4. Schritt: ______________________________

5. Schritt: ______________________________

2. Welche Tätigkeit könnte Ihnen bei der Suche geeigneter Sportschuhe und bei der Planung des Einkaufs innerhalb des Unternehmens helfen?

____

____

____

3. Auf Anfrage hin erhalten Sie zwei Angebote über den Kauf von Sportschuhen. Ermitteln Sie den Bezugspreis für beide Angebote!

	ANGEBOT 1	ANGEBOT 2
Artikel	**Air Max „Dschungel"**	**Air Max „Orange"**
Listenpreis	89,90 €	99,90 €
Rabatt	10 %	5 %
Skonto	3 %	2 %
Bezugskosten	25,00 €	20,00 €

4. Sie bestellen 50 Paar des Modells „Air Max Dschungel“ zum 30.05.20.. fix. Warum müssen Sie den Liefertermin unbedingt überwachen?

____

____

____

5. Das Warenhaus Huber plant die Auslösung einer „automatischen“ Bestellung mithilfe des Warenwirtschaftssystems. Umschreiben Sie kurz die Form der automatischen Bestellung!

____

____

____

6. Beim Wareneinkauf haben Sie mit dem Lieferanten keine Vereinbarung über die Verpackungs- und Versandkosten getroffen. Welche Kosten muss der Lieferant laut Gesetz im Rahmen der Warenversendung zahlen?

Verpackung: ______________________________

Versand (Lieferbedingung): ______________________________

7. Das Warenhaus Huber plant das Geschäft am Stadtgründungsfest an einem Sonntag von 10 Uhr bis 20 Uhr zu öffnen. Welche Daten benötigt Sie aus dem Warenwirtschaftssystem, um den Warenbedarf optimal planen zu können?

____

____

____

2-06 BEZUGSQUELLENERMITTLUNG – ANFRAGE – ANGEBOT

Im Warenhaus Huber sind Sie für die Getränkeabteilung zuständig. Während einer anhaltenden Hitzewelle kommt es wiederholt zu leichten Lieferengpässen bei den Hauptlieferanten von Mineralwasser. Daher sollen neue Bezugsquellen heran-gezogen werden. Von Herrn Frings, Ihrem Chef, erhalten Sie den Auftrag, verschiedene Getränkehersteller per Fax anzuschreiben und Angebote einzuholen. Durch Anfragen sollen Sie mögliche Lieferanten um ein Angebot bitten.

Aufgabe:

1. Schlagen Sie vier mögliche externe Bezugsquellen vor!

____

____

____

____

2. a) Sie haben zwei mögliche Lieferanten ermittelt und sollen nun an diese jeweils eine Anfrage schreiben. Welche zwei Arten der Anfrage gibt es? Beschreiben Sie beide kurz!

b) Führen Sie zwei warenbezogene Kriterien an, die diese Anfragen enthalten sollen!

c) Erläutern Sie, ob diese Anfragen eine rechtliche Wirkung haben!

d) Nachdem Sie die Anfragen an die möglichen Lieferanten geschickt haben, erhalten Sie die zwei folgenden Angebote.

	ANGEBOT 1 (PER FAX)	ANGEBOT 2 (TELEFONISCH)
Listenpreis	0,20 € je Stück	je 50 Flaschen 10,50 €
Rabatt	20 %	19 %
Skonto	3 %	2 %
Bezugskosten	je Flasche 0,05 €	frei Haus

Nehmen Sie einen Angebotsvergleich vor und ermitteln Sie das günstigste Angebot für eine Bestellmenge von 100 Flaschen! Stellen Sie Ihre Berechnung im Kalkulationsschema übersichtlich da!

e) Wie lange sind die beiden Angebote jeweils gültig?

f) Warum könnten Sie sich doch für den Lieferanten entscheiden, der einen höheren Bezugspreis anbietet als der andere. Nennen Sie hierzu drei Gründe!

2-07 ANGEBOT

Auf die Anfragen des Azubis Huber hin ist unter anderem folgendes Angebot eingegangen. (= Musterangebot)

„Trink-gut" Getränke GmbH • Landschaftsweg 3 • 83220 Dingharting

Warenhaus Huber GmbH
Kaufingerstr. 12
80331 München

Angebot

Sehr geehrter Herr Frings,

wir danken für Ihre Anfrage und bieten Ihnen an:

Art.-Nr.	Artikel	Verkaufseinheit	Preis(€)/Kasten
0421	Mineralwasser Bayernquelle „classic"	Kasten a. 12 Fl. 0,7 l	2,05 €
0425	Mineralwasser Bayernquelle „still"	Kasten a. 12 Fl. 0,7 l	2,70 €
0522	Tafelwasser „Bon-Aqua"	Kasten a. 12 Fl. 1,0 l PET	2,20 €

Bei Abnahme von mindestens 50 Kästen gewähren wir 5 % Rabatt, bei mindestens 100 Kästen 10 %.

Die Lieferung erfolgt frei Haus. Die Preise gelten zzgl. 19 % Umsatzsteuer und ausschließlich Verpackung.

Bei Rücksendung des Leerguts erfolgt volle Gutschrift. Die Lieferung erfolgt innerhalb von 8 Tagen nach Bestellungseingang.

Unsere Rechnungen sind innerhalb von 30 Tagen zahlbar. Bei Zahlung innerhalb von 8 Tagen ab Rechnungsdatum gewähren wir 3 % Skonto.

Ihre Bestellung werden wir zu Ihrer Zufriedenheit ausführen.

Mit freundlichen Grüßen

Hentze

Aufgabe:

1. Beantworten Sie bitte folgende Fragen mithilfe des Musterangebotes!

a) Wodurch wird die Art der Waren im Musterangebot bezeichnet?

____

b) In welcher Qualität muss eine Ware gesetzlich lt. § 243 BGB geliefert werden, wenn vertraglich nichts über die Güte vereinbart worden ist?

____

c) Welcher Rabatt wird im Musterangebot gewährt?

d) Formulieren Sie für das Musterangebot einen Naturalrabatt!

e) Worin liegt der Unterschied zwischen dem Bonus und den anderen Rabatten?

f) Welche Zahlungsbedingung enthält das Musterangebot und wie ist das Zahlungsziel gesetzlich geregelt? Sind Abweichungen vom Gesetz im Vertrag erlaubt?

g) Erklären Sie kurz den Begriff „Skonto"! Welche Bedeutung hat der Skonto für Verkäufer und Käufer?

h) Wer muss nach BGB die Versandkosten zahlen, wenn vertraglich nichts vereinbart wurde?

i) Wie sind die Verpackungskosten im Musterangebot geregelt?

j) Laut Musterangebot erfolgt die Lieferung „frei Haus". Wer zahlt hier die gesamten Beförderungskosten?

k) Bei welchen Lieferungsbedingungen zahlt der Käufer die gesamten Versandkosten? (also alle Kosten ab dem Betrieb des Käufers)

l) Bei welcher Lieferungsbedingung zahlt der Käufer die Bahnfracht und das Rollgeld der Abfuhr?

m) Bei welchen Lieferungsbedingungen zahlt der Käufer nur das Rollgeld der Abfuhr?

n) Wo liegen die „gesetzlichen“ Erfüllungsorte in unserem Fall? (genaue Ortsangabe!)

o) Wie wäre die Rechtslage, wenn der Getränkemarkt die Ware mit einem eigenen Lieferwagen befördert?

§§ ... Am Erfüllungsort geht die Gefahr, den die Ware durch Beschädigung, Verlust, Vernichtung oder Verderb nehmen kann, an den Käufer über. Folge: Der Käufer muss dann trotz Beschädigung oder Vernichtung der Ware den Kaufpreis bezahlen.

p) Wo wäre der Gerichtsstand, wenn der Lebensmittelmarkt die Zahlung aufgrund beschädigter Ware verweigern würde?

q) Könnten der Lebensmittelmarkt und der Getränkemarkt vertraglich vereinbaren: „Der Gerichtsstand für beide Teile ist der Geschäftssitz des Verkäufers.“? Begründen Sie Ihre Entscheidung.

r) Welche Pflichten haben der Getränkemarkt „Trink-gut“ und das Warenhaus Huber nach ihrem Kaufabschluss?

„Trink-gut“-Getränke:

Warenhaus Huber:

s) Wird das Warenhaus Huber bereits durch die Lieferung oder erst nach der Zahlung Eigentümer der Ware? (mit Begründung!)

§§ ... Durch die Erfüllung dieser Pflichten kommt das sogenannte Erfüllungsgeschäft zustande. Das Erfüllungsgeschäft ist ein eigenes Rechtsgeschäft, also rechtlich unabhängig vom Verpflichtungsgeschäft.

t) Was versteht man unter „Freizeichnungsklauseln“? Nennen Sie hierzu drei!

2. Berechnen Sie den Bezugspreis bei einer Bestellung von 60 Kästen Mineralwasser „Bayernquelle classic“! (siehe Musterangebot)

2-08 KAUFVERTRAGSARTEN

Eine Kundin betritt das Warenhaus Huber und kauft eine größere Menge eines Artikels. Vor einigen Tagen hat sie bereits eine kleine Menge probehalber gekauft.

Aufgabe:

1. Um welche Kaufvertragsart handelt es sich in der Ausgangssituation? (mit Begründung!)

2. Welche weiteren Kaufvertragsarten kennen Sie? Erläutern Sie drei!

______________:

______________:

______________:

3. Die Kundin kauft eine große Menge und verlangt einen Preisnachlass. Was könnten Sie ihr anbieten?

4. Welche Zahlungsbedingungen bieten Sie der Kundin an? Erläutern Sie diese!

5. Die gekaufte Ware soll zugestellt werden. Welche Möglichkeiten bieten Sie ihr an?

2-09 WARENANNAHME

Als Mitarbeiter der Warenhaus Huber GmbH sind Sie für die Warenannahme verantwortlich und sollen heute bestellte Waren annehmen.

Aufgabe:

1. Wer könnte als Zusteller dieser Waren in Frage kommen? Nennen Sie hierzu fünf!

2. Beschreiben Sie drei Aufgaben, die Sie bei der Warenannahme in Anwesenheit des Zustellers durchzuführen haben!

3. Was ist ein Frachtbrief? Nennen Sie drei Merkmale, die ihn auszeichnen!

4. Was unterscheidet einen Frachtbrief von einem Lieferschein?

5. Wie überprüfen Sie die gelieferte Ware nach Zustellung und in welcher Zeit?

6. Bei der Überprüfung der Ware stellen Sie folgende Mängel fest:

BEZEICHNUNG	ART.-NR.	BESTELLMENGE	LIEFERMENGE	KONTROLLE
Bettwäsche satin	125468	30 Stck	20 Stck	
Bettwäsche baumwolle gelb	125470	20 Stck	0 Stck	
Bettwäsche baumwolle blau	125471	0 Stck	20 Stck	
Bettwäsche baumwolle rot	125472	15 Stck	15 Stck	Webfehler

a) Welche drei Mängelarten gehen aus dem Eingangsprotokoll hervor?

b) Handelt es sich bei den Mängeln um „offene" oder „versteckte" Mängel?

c) Welche Maßnahmen ergreifen Sie im vorliegenden Fall?

d) Den Wareneingang erfassen Sie im Warenwirtschaftssystem (WWS). Welche zwei Daten zur gelieferten Ware müssen Sie unbedingt eingeben?

2-10 WARENLAGERUNG I

Eine Warenlieferung ist ausgefallen. Dadurch hat das Warenhaus Huber in einigen Warengruppen nicht mehr ausreichend Ware auf dem Lager.

Aufgabe:

1. Was versteht man unter einem Lager? Nennen Sie hierzu drei Lagerarten!

2. Warum verzichten kleinere Einzelhandelsbetriebe auf drei Lager?

3. Welche Gründe sprechen bei großen Unternehmen wie beim Warenhaus Huber für ein Lager am Stadtrand, in der Nähe der Verkehrswege?

4. Sie sind beim Warenhaus Kern für die Lagerhaltung in ihrer Abteilung zuständig. Nennen Sie die zwei Hauptziele der Lagerhaltung im Rahmen der Warendisposition bzw. -lagerung!

5. Unterbreiten Sie dem Warenhaus Kern drei Vorschläge, wie es den Fehlbestand an Waren hätte vermeiden können!

6. Warum muss ein Verkaufsraum stets übersichtlich und griffbereit (kundenfreundlich) geordnet sein?

7. Erläutern Sie die Begriffe:

a) Umlagerung:

b) Kommissionsgeschäft:

2-11 WARENLAGERUNG II

Das Warenhaus Huber plant wegen einer Sortimentserweiterung einen Lageranbau und denkt dabei zum Teil über einen Wechsel von der bisherigen systematischen Lagerplatzanordnung zur chaotischen Lagerplatzanordnung nach.

Aufgabe:

1. Beschreiben Sie ...

a) die systematische Lagerplatzanordnung

b) die chaotische Lagerplatzanordnung

2. Nennen Sie <u>zwei</u> Vorteile, die für einen Wechsel zur chaotischen Lagerplatzanordnung sprechen!

3. Nennen Sie <u>einen</u> Nachteil der chaotischen Lagerplatzanordnung!

4. Welche Einlagerungsgesichtspunkte müssen berücksichtigt werden, wenn ein neues Lager eingerichtet werden soll? Nennen Sie hierzu <u>vier</u>!

2-12 WARENLAGERUNG III

Als Fachverkäufer/in der Lebensmittelabteilung im Warenhaus Huber stellen Sie fest, dass der Lagerbestand für das Mineralwasser „Bellsteiner“ zu hoch ist, obwohl es sich eigentlich bislang gut verkauft hat.

Aufgabe:

1. Nennen Sie 6 Gründe, die zu der plötzlichen Bestandserhöhung geführt haben!

2. Warum sollte eine Bestandserhöhung nach Möglichkeit vermieden werden?

3. Wie könnten Sie den Überbestand für das Mineralwasser abbauen?

4. Unterbreiten Sie Vorschläge, wie Sie eine Bestandserhöhung vermeiden könnten!

5. Wie könnten Sie sich über einzelne Lagerbestände einen permanenten Überblick verschaffen?

2-13 WARENLAGERUNG IV

Ihre Geschäftsleitung beauftragt Sie, das Eigenlager auf Wirtschaftlichkeit zu untersuchen. Sie überlegen nämlich, ob Sie den 450 m² großen Raum als Eigenlager nutzen oder ihn künftig fremd lagern wollen.

Grundlage für diese Entscheidung sind folgende Daten:

Fixe Kosten der Einlagerung / Monat:	Miete	3.800,00 €
	Personal	3.500,00 €
	Versicherung	80,00 €
Variable Kosten der Eigenlagerung / Monat:	Kosten pro m²	14,00 €
Kosten der Fremdlagerung / Monat:	Kosten pro m²	36,00 €

Aufgabe:

1. Berechnen Sie die Kosten der Eigen- und Fremdlagerung in Euro!

2. Überlegen Sie aus Kostengründen, ob eine Fremdlagerung sinnvoll ist! (mit Begründung!)

3. Um die Wirtschaftlichkeit weiter beurteilen zu können, berechnen Sie mithilfe der folgenden Zahlen:

Lagerdatei Warenhaus Huber GmbH

Mindestbestand: 20 Stück
Einstandspreis: 8,00 €/Stück

Bestände: Anfangsbestand 50 Stück; Warenabgänge gesamt: 510 Stück

Warenendbestände:	März	50 Stück	September	136 Stück
	Juni	90 Stück	Dezember	38 Stück

a) den durchschnittlichen Lagerbestand

b) die Umschlagshäufigkeit

c) die durchschnittliche Lagerdauer

4. Im Vergleich zum Vorjahr stellen Sie fest, dass sich die Lagerkennziffern verschlechtert haben. Welche vier Maßnahmen könnten Sie ergreifen, um eine Verbesserung herbei zu führen?

- ____________________
- ____________________
- ____________________
- ____________________

2-14 PREISAUSZEICHNUNG

Im Warenhaus Huber nehmen Sie an einer Schulung zum Thema „Preisauszeichnung“ teil. Dabei sollen Sie verschiedene Etiketten sowie die im Rahmen der Preisauszeichnung gesetzlich geltenden Vorschriften kennenlernen.

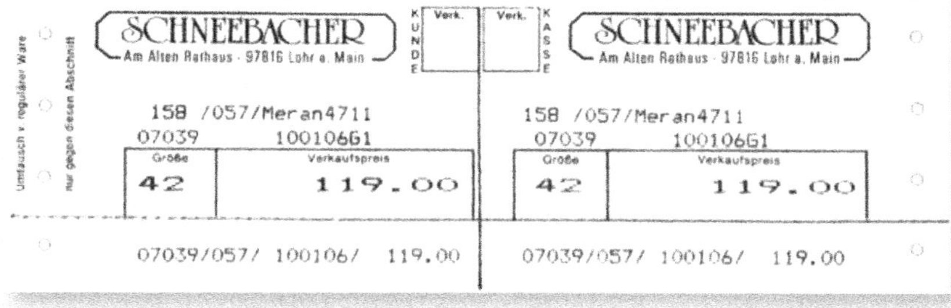

Aufgabe:

1. Um welche Etikettart handelt es sich in diesem Fall und was unterscheidet dieses Etikett von anderen? (mit Begründung!)

___

___

___

2. In welcher Art / Form könnte das Preisetikett ...

   a) beschriftet sein? (2 Beispiele)

   ___

   b) befestigt sein? (2 Beispiele)

   ___

3. Wie heißt das Gesetz bzw. die Verordnung, nach dem / der im Einzelhandel die Auszeichnung der Waren bestimmte Angaben enthalten muss?

___

4. Nennen Sie eine gesetzlich vorgeschriebene und eine freiwillige Preisangabe auf dem Preisetikett im Eingangsbeispiel!

___

___

5. Welche (zwei) Vorteile hat die Preisauszeichnung ...

   a) für den Verbraucher

   – ___

   – ___

b) für den Einzelhändler

– ______________________________

– ______________________________

c) für den Mitarbeiter im Handel?

– ______________________________

– ______________________________

6. Wer überwacht die Einhaltung der Preisangabenverordnung?

7. Bei welchen Artikeln wird die Angabe eines Grundpreises nicht gefordert?

2-15 FRANCHISESYSTEM I

Nach Bestehen Ihrer Ausbildung möchten Sie sich unbedingt selbstständig machen. Die Gründung eines Franchise-Unternehmens erscheint Ihnen eine sinnvolle Möglichkeit zu sein.

Aufgabe:

1. Erläutern Sie den Begriff **„Franchising“**!

2. Nennen Sie zwei Vor- und zwei Nachteile, die sich für Sie als Franchisenehmer ergeben könnten!

Vorteile:

Nachteile:

2-16 FRANCHISESYSTEM II

Frau Kögl leitet im Warenhaus Huber die Spielwarenabteilung und überlegt, sich selbstständig zu machen. Sie erhält folgendes Angebot:

Future Playgames

Wir, ein seit 30 Jahren existierendes Unternehmen, das sowohl junge und ältere Menschen mit tollen Spielwaren begeistert, sucht engagierte Franchise-Partner. Zurzeit arbeiten wir mit 130 selbstständigen Partnern deutschlandweit zusammen. Wir planen die Zahl der Shops auf 190 zu erhöhen.

Anforderungsprofil:

- Führungsqualitäten
-
-
-
-

Finanzielles:
Als Einstiegskapital erwarten wir 30.000,00 €, der durchschnittlich geplante Nettoumsatz liegt bei 360.000,00 €, die durchschnittliche Umsatzrendite bei 16 %.

Da sich Frau Kögl sehr unsicher ist, diesen Schritt zu gehen, benötigt Sie Ihren Rat.

Aufgabe:

1. Ergänzen Sie das in der Anzeige beschriebene Anforderungsprofil um vier weitere Punkte!

2. Beim Warenhaus Huber verdient Frau Kögl monatlich 2.198,00 € netto. Prüfen Sie, welche Verdienstmöglichkeiten sich für Frau Kögl aus dem in der Anzeige angegebenen Umsatz sowie folgenden jährlichen Ausgaben ergeben würde:

Einkommenssteuer, Solidaritätszuschlag, Kirchensteuer:	13.800,00 €
Private Vorsorge (Versicherungen):	9.780,00 €

a) Berechnen Sie den voraussichtlichen Gewinn in Euro!

b) Berechnen Sie das zu erwartende monatliche Nettoeinkommen in Euro!

3. a) Was spricht aus Sicht von Frau Kögl dafür, Franchise-Partner von „Future Playgames" zu werden? Geben Sie 3 Vorteile an!

- ______________________________
- ______________________________
- ______________________________

b) Welche Nachteile könnten sich für Frau Kögl in der Franchise-Partnerschaft ergeben? Nennen Sie drei!

- ______________________________
- ______________________________
- ______________________________

2-17 KASSENWESEN

Im Warenhaus Huber übernehmen Sie zur Zeit Kassiertätigkeiten. Die Kassenabrechnung des heutigen Tages weist folgende Zahlen auf:

- Bargeldbestand am Abend: 2.520,45 €
- Tagesausgaben: 25,00 €
- Kartenzahlungen: 1.342,36 €
- Bankeinzahlungen: 1.400,00 €
- eingenommene Gutscheine: 50,00 €
- Wechselgeld am Morgen: 500,00 €

Aufgabe:

1. a) Wie viel Euro Umsatz haben Sie an diesem Tag erzielt?

b) Wie viel Euro haben Sie bar eingenommen?

c) Ermitteln Sie den Kassenfehlbestand bzw. Kassenüberschuss!

2. Beschreiben Sie die sechs einzelnen Schritte des Kassiervorgangs bei Barzahlung!

3. Erläutern Sie den Unterschied zwischen einem „Kassiervorgang“ und „Zahlungsvorgang“?

4. Erläutern Sie folgende Begriffe:

a) Storno:

b) Kassensturz:

5. Nennen Sie ...

a) 3 Dateneingabe-Geräte: ______________________

____

____

b) 2 Datenausgabe-Geräte: ______________________

____

6. In einigen Geschäften werden sogenannte „Dialoggeräte“ an der Kasse eingesetzt.
Was sind Dialoggeräte?

____

____

7. Welche Aufgabe hat eine „Master-Kasse“?

____

____

____

____

8. Mit dem Verkauf von Waren verändert sich der Lagerbestand jeden Artikels. Aufgabe des WWS-Systems ist es, den Lagerbestand mit dem Warenverkauf zu aktualisieren. Beschreiben Sie den Ablauf der Datenanpassung ...

a) bei einem „online-System“

____

____

____

____

b) bei einem „offline-System“

____

____

____

____

2-18 WARENWIRTSCHAFTSSYSTEM

Im Warenhaus Huber soll ein geschlossenes Warenwirtschaftssystem eingeführt werden. Die Geschäftsleitung beauftragt Sie, bei der Planung und Durchführung mitzuhelfen

Aufgabe:

1. Was verstehen Sie unter einem Warenwirtschaftssystem?

2. a) Nennen Sie den Unterschied zwischen einem „offenen" und „geschlossenen" Warenwirtschaftssystem!

b) Warum stellt das Warenhaus Huber das Warenwirtschaftssystem um?

3. Welche Vorteile hat ein Warenwirtschaftssystem? Nennen Sie <u>drei</u>!

2-19 BETRIEBLICHES RECHNUNGSWESEN

Es liegen folgende Bilanzergebnisse vor:

Aktiva	Eröffnungsbilanz		Passiva
Fuhrpark	420.000,00	Eigenkapital	???
BGA	160.000,00	Hypotheken	460.000,00
Gebäude	1.500.000,00	Darlehensschuld	84.000,00
Warenbestände	2.340.000,00	Verbindlichkeiten LL	12.500,00
Forderungen	2.700,00		
Bank	52.000,00		
Kasse	1.300,00		

Aufgabe:

1. Berechnen Sie anhand der Bilanz im Situationsfall die Höhe ...

a) des Anlagevermögens:

b) des Umlaufvermögens:

c) der Bilanzsumme:

d) des Eigenkapitals:

e) des Fremdkapitals:

2. Bestandskonten geben Auskunft über den Bestand der Vermögen- und Schuldenteile.

a) Welche zwei Arten von Bestandskonten gilt es zu unterscheiden? Nennen Sie jeweils zwei Beispiele!

____________________________:

______________________:

____

____

b) Woraus sind diese Bestandskonten abgeleitet?

____

c) Welche Aufgabe haben die Bestandskonten?

____

____

d) Aus welchen vier Positionen besteht ein Bestandskonto?

____

____

e) Über welches Konto werden die Schlussbestände der Bestandskonten abgeschlossen?

____

3. Erfolgskonten werden im Vergleich zu den Bestandskonten auch als „erfolgswirksam“ bezeichnet.

a) Welche zwei Arten von Erfolgskonten gibt es? Nennen Sie hierzu jeweils ein Beispiel!

______________________:

____

______________________:

____

b) Warum wirken sich Erfolgskonten „erfolgswirksam“ aus?

____

____

____

c) Aus welchen Positionen besteht ein Erfolgskonto?

____

____

d) Über welches Konto werden die Erfolgskonten abgeschlossen?

____

e) Auf welches Konto wiederum wirkt sich der Saldo des Kontos aus Lösung d) aus?

____

f) Welcher Erfolg liegt vor, wenn ...

fa) Aufwendungen > Erträge: ______________________________

fb) Aufwendungen < Erträge: ______________________________

4. Berechnen Sie anhand der Gewinn und Verlustrechnung (GuV) folgende Werte:

Soll	**GuV**		**Haben**
Aufwendungen f. Waren	520.100,00	Umsatzerlöse	940.000,00
Löhne + Gehälter	186.000,00		
Mietaufwendungen	39.400,00		
Büromaterial	4.000,00		
Werbung	18.000,00		
Eigenkapital	...		
	940.000,00		940.000,00

a) den Wareneinsatz:

b) die Summe der Handlungskosten:

c) den Nettoumsatz:

d) den Rohgewinn:

e) den Reingewinn

2-20 ABSCHREIBUNG AUF SACHANLAGEN

Das Warenhaus Huber plant die Anschaffung eines neuen LKW's. Ihnen liegt folgendes Angebot vor:

Mercedes Benz AG • Bodenseestr. 221 • 81243 München

Warenhaus Huber GmbH	Angebot Nr.	245642
Kaufingerstr. 12	Kunden-Nr.	4563
80331 München	Datum	23.11.(0)

Position	Bezeichnung		Betrag
1	1 Lastkraftwagen Mercedes Benz Candy weiß		226.340,00 €
2	Überführung		550,00 €
		19 % USt.	43.109,10 €
			269.999,10 U

Zahlbar sofort ohne Abzug

Aufgabe:

1. Ermitteln Sie die Anschaffungskosten des LKWs in Euro!

2. Nennen Sie zwei Argumente, warum die Warenhaus Huber GmbH einen LKW abschreibt!

3. Sie sollen nun den LKW nach der linearen Abschreibungsmethode abschreiben.

   a) Welche zwei Angaben benötigen Sie zur Berechnung der Abschreibungsbeträge?

   b) Berechnen Sie die Restnutzungsdauer und den jährlichen Abschreibungsbetrag!

Afa-Tabelle	Nutzungsjahre
Schienenfahrzeuge	25
PKW u. Kombiwagen	6
Motorräder, Fahrräder	7
LKW, Sattelschlepper	9
Rettungsfahrzeuge	6
Bauwagen	12

c) Ermitteln Sie den Abschreibungsbetrag und den Buchwert am Ende des 2. Jahres nach der linearen Abschreibungsmethode!

d) Ermitteln Sie den jährlichen Abschreibungssatz in Prozent!

4. Was zeichnet die lineare Abschreibungsmethode aus? Nennen Sie hierzu drei Merkmale!

5. Welchen Einfluss haben die Abschreibungsbeträge am Jahresabschluss auf die Handlungskosten?

6. Wo kann der Buchwert für den abgeschriebenen LKW am Jahresabschluss eingesehen werden?

7. Neben Anschaffungsgegenständen über einem Anschaffungswert von 1.000,00 € müssen auch geringwertige Wirtschaftsgüter abgeschrieben werden. Wie sind Güter mit einem Anschaffungswert von ...

a) 150,00 € netto: ____________________

b) 150,00 € bis 1.000,00 €: ____________________

laut §6 EStG abzusetzen?

2-21 ABSCHREIBUNG AUF SACHANLAGEN (MONATSGENAUE ABSCHREIBUNG)

Das Warenhaus Huber kauft am 5. November 2021 einen Lieferwagen in Höhe von 36.000,00 €. Herr Huber möchte wissen, mit welchen Beträgen der Wagen in den nächsten Jahren in der Bilanz stehen wird.

Gegenstand	PKW
Anschaffungswert	36.000,00 €
Anschaffungstag	05.11.2021
Nutzungsdauer in Jahre	6 Jahre laut AfA-Tabelle
Abschreibungssatz	...
Jährlicher Abschreibungsbetrag	...

Aufgabe:

1. Berechnen Sie mithilfe der Angaben aus der Tabelle ...
   a) den jährlichen Abschreibungsbetrag

   b) den jährlichen Abschreibungssatz

2. Berechnen Sie den Abschreibungsbetrag für das 1. Jahr in 2021 und das letzte Jahr 2027!

3. Füllen Sie die folgende Abschreibungstabelle mithilfe Ihrer berechneten Ergebnisse aus!

Anschaffungswert		**36.000,00 €**
- AfA-Betrag 2021	1. Jahr	
Buchwert am Ende des Jahres		
- AfA-Betrag 2022	2. Jahr	
Buchwert am Ende des Jahres		
- AfA-Betrag 2023	3. Jahr	
Buchwert am Ende des Jahres		
- AfA-Betrag 2024	4. Jahr	
Buchwert am Ende des Jahres		
- AfA-Betrag 2025	5. Jahr	
Buchwert am Ende des Jahres		
- AfA-Betrag 2026	6. Jahr	
Buchwert am Ende des Jahres		
- AfA-Betrag 2027	7. Jahr	
Buchwert am Ende des Jahres		

2-22 WARENHANDELSKALKULATION I

Das Warenhaus Huber bestellt bei „Nivenda“ 50 Play-Stations zu folgenden Bedingungen:

- Listenpreis:	96,52 €	(Stückpreis)
- Fracht u. Transportversicherung:	25,00 €	(pauschal)
- Rabatt:	15 %	
- Skonto:	2 %	

Das Warenhaus kalkuliert einen Gewinn von 20 % ein. Die Handlungskosten betragen 42 %.
Die Umsatzsteuer beträgt 19 %.
Im vergangenen Geschäftsjahr betrug der vorgesehene Kalkulationszuschlag 70 %.

Aufgabe:

1. Erklären Sie folgende Begriffe:

a) Bezugskosten

b) Handlungskosten

c) Kalkulationszuschlag

d) Kalkulationsabschlag

e) Handelsspanne

f) Bezugskalkulation – Verkaufskalkulation – Nachkalkulation

2. Berechnen Sie den Bruttoverkaufspreis einer Play-Station!

3. Berechnen Sie für den Preis einer Play-Station ...

a) den Kalkulationszuschlagssatz

b) den Kalkulationsabschlag

c) die Handelsspanne

d) den Kalkulationsfaktor

4. Um wie viel Euro wurde der vorgesehene Bruttoverkaufspreis gegenüber dem aktuellen Bruttoverkaufspreis (= Ergebnis der Aufgabe 1) unterschritten?

2-23 WARENHANDELSKALKULATION II

Ein langjähriger Lieferant gewährt Ihnen künftig 15 % Rabatt beim Einkauf von Laufschuhen. Die Laufschuhe sollen Ihren Kunden aber trotz des Rabattes zum bisherigen Bruttoverkaufspreis von 179,00 € verkauft werden.

Bezugspreis		
+ Handlungskosten	56 %	
Selbstkostenpreis		
+ Gewinn	12 %	
Nettoverkaufspreis		
+ Umsatzsteuer	19 %	
Bruttoverkaufspreis		179,00 €

Aufgabe:

1. Berechnen Sie den neuen und bisherigen Bezugspreis!

2. Ermitteln Sie mithilfe des vorgegebenen Kalkulationsschemas den Gewinn in Euro und in Prozent!

3. Berechnen Sie den Kalkulationszuschlagssatz, Kalkulationsabschlagssatz sowie die Handelsspanne!

2-24 WARENHANDELSKALKULATION III

Foto: owattaphotos - Fotolia.de

Sie arbeiten zurzeit in der Fotoabteilung und bekommen von Ihrem Vorsetzten, Herrn Moritz, folgende Notiz: Die Focus 80 D konnten wir bisher zu einem Verkaufspreis von 899,00 € ohne Objektiv anbieten. Für diesen umsatzstarken Artikel hat uns der Hersteller ein neues Angebot vorgelegt. Auch haben sich die Handlungskosten für die Fotoabteilung geändert. Prüfen Sie bitte, ob wir diesen Artikel überhaupt noch gewinnbringend verkaufen können!
(Angebot der Firma Foto-Blitz:)

Foto Blitz GmbH – Borbecker Str. 24 – 45355 Essen

Warenhaus Huber GmbH
Kaufingerstr. 12
80331 München

Essen, 12.01.20..

Angebot

Sehr geehrte Damen und Herren,

auf Ihre Anfrage hin bieten wir Ihnen an:

Art.-Nr.	Artikel	Preis(€)/
2345	Focus 80 D - Body	559,00

Bei Abnahme von mindestens 10 Stück gewähren wir Ihnen einen Rabatt von 10 %. Der Umsatzsteuersatz beträgt 19 %.

Die Lieferung erfolgt frei Haus innerhalb von 3 Tagen nach Auftragserteilung. Sie zahlen innerhalb von 10 Tagen unter Abzug von 3 % Skonto oder in 30 Tagen netto. Die Ware bleibt bis zur vollständigen Bezahlung unser Eigentum.

Wir freuen uns auf Ihren Auftrag und verbleiben mit freundlichen Grüßen

Dieter Brandt

Aufgabe:

1. Berechnen Sie mithilfe des vorliegenden Angebotes den neuen Bezugspreis pro Stück bei einer Bestellmenge von 15 Stück und tragen Sie Ihre Ergebnisse in die folgende Tabelle ein!

BEZUGSKALKULATION	€

2. Berechnen Sie den Handlungskostenzuschlagssatz in Prozent für die Fotoabteilung! (mit Rechenweg!)

Abteilung Fotoartikel
Daten der Kosten- und Leistungsrechnung

Aufwendungen für Waren	140.450,00 €
Mietaufwendungen	18.200,00 €
Personalaufwand	44.780,00 €
Aufwendung für Werbung	4.670,00 €
Abschreibungen	4.280,00 €
Sonstige Aufwendungen	24.140,00 €

3. Prüfen Sie, ob der Artikel bei unverändertem Verkaufspreis von 899,00 € pro Stück noch gewinnbringend angeboten werden kann oder ob wir einen Verlust erzielen! Tragen Sie Ihre Zahlen in die folgende Tabelle ein!

VERKAUFSKALKULATION	€

4. Aus Ihren Berechnungen kommen Sie zu dem Ergebnis, dass der Artikel aus dem Sortiment genommen werden sollte. Ihr Vorgesetzter, Herr Moritz, bittet Sie daraufhin, Ihre Entscheidung nochmal über die Deckungsbeitragsrechnung zu überprüfen. Dieser Artikel verursacht variable Handlungskosten in Höhe von 39,90 € pro Stück. Ermitteln Sie den Deckungsbeitrag je Stück!

5. Entscheiden Sie, ob der Artikel aus dem Sortiment genommen werden sollte! (mit Begründung!)

6. Herr Moritz ist der Meinung, dass wir auch einige Artikel anbieten müssen, die keinen ausreichenden Gewinn erbringen. Geben Sie zwei Beispiele für solche Artikel!

–

–

2-25 WARENHANDELSKALKULATION IV

Das Warenhaus Huber führt zusätzlich noch einen Schnäppchenladen. Sie werden beauftragt die wirtschaftliche Situation dieses Ladens zu überprüfen. Ihnen liegen folgende Zahlen vor:

Aufwendungen für Waren:	48.000,00 €
Sonstige Aufwendungen:	35.400,00 €
Umsatzerlöse (netto):	94.800,00 €
Eigenkapital (Anfangsbestand):	42.760,00 €

Aufgabe:

1. Berechnen Sie die Werte für das aktuelle Jahr und tragen Sie Ihre Ergebnisse in die grauen Felder ein!

	VORJAHR	AKTUELLES JAHR
Gewinn	14.800,00 €	
Handelsspanne	54,3 %	
Umsatzrentabilität	15,8 %	
Eigenkapitalrentabilität (bezogen auf den Anfangsbestand)	29,2 %	

2. Bewerten Sie die Entwicklung des Schnäppchenladens!

3. Schlagen Sie nun 2 Maßnahmen vor, um die Situation zu verbessern!

2-26 DECKUNGSBEITRAGSRECHNUNG I

Die Warenhaus Huber GmbH weist folgende Daten auf:

Umsatz (netto):	Abt. 1:	150.000,00 €;	Abt. 2:	190.000,00 €
Wareneinsatz:	Abt. 1:	90.000,00 €;	Abt. 2:	140.000,00 €
Variable Kosten:	Abt. 1:	10.000,00 €;	Abt. 2:	60.000,00 €
Fixe Kosten:	25.000,00 €			

Aufgabe:

1. Was versteht man unter der „Deckungsbeitragsrechnung“ und welche Ziele verfolgt sie?

2. Warum ist es in der Praxis schwierig, einen artikelgenauen Deckungsbeitrag zu berechnen?

3. a) Was stellen Kosten für das Geschäft dar? Nennen Sie zwei Beispiele!

b) Was versteht man unter „fixen“ und „variablen“ Kosten (mit Beispiel) und worin unterscheiden sich diese?

4. Für die zwei Warengruppen soll jeweils der Deckungsbeitrag berechnet werden.

a) Ermitteln Sie mithilfe der Daten im Ausgangsfall den Deckungsbeitrag für die Abteilungen 1 und 2. Tragen Sie Ihre Ergebnisse in die Tabelle ein!

	ABTEILUNG 1	ABTEILUNG 2

b) Wozu dient ein positiver Deckungsbeitrag?

c) Welche zwei Möglichkeiten haben Sie, um den Deckungsbeitrag zu erhöhen, wenn Sie den Wareneinsatz erhöhen wollen?

d) Im Vergleich der zwei Abteilungen stellen Sie fest, dass die Abteilung 2 einen negativen Deckungsbeitrag aufweist. Nennen Sie hierfür zwei Gründe!

2-27 DECKUNGSBEITRAGSRECHNUNG II

Als Mitarbeiter des Warenhauses Huber werden Sie beauftragt, in Ihrer Abteilung das Sortiment mithilfe der Deckungsbeitragsrechnung zu kontrollieren.

Aufgabe:

1. Ermitteln Sie den Gewinn bzw. Verlust der gesamten Abteilung, indem Sie in die grau hinterlegten Felder die fehlenden Werte der Tabelle eintragen!

DECKUNGSBEITRAGSRECHNUNG

ARTIKEL-NR.	WARENGRUPPE I 1601	1602	1603	WARENGRUPPE II 1702	1703	1704
Nettoverkaufspreis pro Stück in €				140,00	130,00	160,00
Variable Stückkosten in €				103,00	94,00	172,80
Deckungsbeitrag je Artikel in €				–	–	–
Absatzmenge				5.400	4.800	1.960
Deckungsbeitrag Warengruppe in €						
	180.680,00					
Deckungsbeitrag gesamt in €						
Fixe Kosten in €	540.460,00					
Gewinn/Verlust in €						

2. Ihre Abteilungsleiterin, Frau Gerner, denkt darüber nach, den Artikel 1704 aus dem Sortiment zu nehmen. Gleichzeitig hat sie die Nettoverkaufspreise der Artikel 1702 und 1703 um 2 % gesenkt. Dadurch möchte sie den Absatz beider Artikel um 8 % steigern. Tragen Sie in die schraffierten Felder der folgenden Tabelle zunächst die fehlenden Werte ein!

DECKUNGSBEITRAGSRECHNUNG FÜR DIE PLANUNG

ARTIKEL-NR.	WARENGRUPPE I 1601	1602	1603	WARENGRUPPE II 1702	1703	1704
Nettoverkaufspreis pro Stück in €				137,20	127,40	X
Variable Stückkosten in €				103,00	94,00	X
Deckungsbeitrag je Artikel in €						X
Absatzmenge						X
Deckungsbeitrag Warengruppe in €						
	180.680,00					
Deckungsbeitrag gesamt in €						
Fixe Kosten in €	540.460,00					
Gewinn/Verlust in €						

3. Begründen Sie, ob die Planung von Frau Gerner sinnvoll ist!

4. Frau Gerner könnte sich auch vorstellen den Artikel „1704“ als Kommissionsware im Sortiment zu führen. Nennen Sie zwei Vorteile, die ein Kommissionskauf für das Warenhaus Huber haben könnte!

2-28 KURZFRISTIGE ERFOLGSRECHNUNG

„Wie kann das nur sein?
Ein Jahr harte Arbeit und doch kaum Gewinn!
Dagegen muss man doch früher was machen!“

Aufgabe:

1. Was ist eine kurzfristige Erfolgsrechnung und worin liegt der Nutzen für das Warenhaus Huber?

2. Zu welchen Vorgängen liefert die kurzfristige Erfolgsrechnung wichtige Informationen?

3. Wie verfahren Sie bei der kurzfristigen Erfolgsrechnung?

4. a) Führen Sie folgende KER-Berechnung durch, indem Sie für den Monat März die Ist-Zahlen (€-Beträge und Prozentsätze) mithilfe der folgenden Angaben in der Tabelle vervollständigen.

Umsatzzahlen aus dem WWS-System:

MÄRZ	BETRÄGE
Bruttoumsatzerlöse (19 % USt)	117.240,00 €
Wareneinsatz	36.400,00 €
Personalkosten	11.800,00 €
Miete	1.500,00 €
Telekommunikation	100,00 €
Werbung / Dekomaterial	2.900,00 €
Zinsen für Warenbestand	280,00 €

KURZFRISTIGE ERFOLGSRECHNUNG (KER)	MONAT MÄRZ					
	VORJAHR		PLAN		IST	
	€	%	€	%	€	%
Bruttoumsatzerlöse	118.349,80	119	120.600,00	119		
- USt	2.929,80	19	19.255,47	19		
= Nettoumsatzerlöse	99.453,61	100	101.344,53	100		
- Wareneinsatz	38.562,80	38,77	40.200,00	39,67		
= Rohergebnis (DB1)	60.890,81	61,23	61.144,53	60,33		
- Personalkosten	12.300,00	12,37	10.900,00	10,76		
- Miete	1.500,00	1,51	1.500,00	1,48		
- Telekommunikation	140	0,14	130	0,13		
- Werbung	2.100,00	2,11	2.400,00	2,37		
- Zinsen	320	0,32	320	0,32		
= Deckungsbeitrag II	44.530,81	44,78	45.894,53	45,29		

b) Berechnen Sie die prozentuale Veränderung des Ist-Rohergebnisses gegenüber dem Vorjahr und Plan!

c) Zu welchen Ergebnissen kommen Sie, wenn Sie die Ist-Zahlen mit den Planzahlen bzw. mit den Zahlen des Vorjahres vergleichen?“

2-29 KOSTEN- UND LEISTUNGSRECHNUNG

Im Warenhaus Huber schaut der stark vereinfachter Auszug aus dem Betriebsabrechnungsbogen (BAB) wie folgt aus:

KOSTENART	KOSTEN IN €	VERTEILER-SCHLÜSSEL	KOSTENSTELLEN SPIELWAREN	TEXTIL	FOTO	SCHMUCK
Aufwendungen für Waren	3.700.000	8:14:6:9	800.000	?	?	900.000
Bezugskosten	18.000	5:4:4:5	5.000	4.000	4.000	5.000
Personalkosten	1.000.000	2:5:1:2	200.000	500.000	100.000	200.000
Energiekosten	90.000	1:3:1:4	10.000	30.000	10.000	40.000
Miete	160.000	2:3:1:2	40.000	60.000	20.000	40.000

Aufgabe:

1. Welche wesentlichen Aufgaben und Funktionen erfüllt das Rechnungswesen? Nennen Sie vier!

2. Ordnen Sie die Finanzbuchhaltung (Fibu) und Kosten- und Leistungsrechnung (KLR) in das Rechnungswesen ein und erläutern Sie ihren Unterschied!

3. Die „Kosten- und Leistungsrechnung" orientiert sich im Vergleich zur Deckungsbeitragsrechnung am langfristigem Erfolg.

a) Welche drei Hauptaufgaben verfolgt die Kosten- und Leistungsrechnung?

b) „Nicht alle Aufwendungen und Erträge, die in einem Unternehmen anfallen, sind zugleich auch Kosten und Leistungen".

ba) Begründen Sie diese These!

bb) Nennen Sie jeweils ein Beispiel für „Kosten" und für „Leistungen"!

Kosten: ______

Leistungen: ______

c) Im Rahmen der „Kostenartenrechnung“ unterscheidet man „Einzelkosten“ und „Gemeinkosten“.

ca) Erläutern Sie ihren Unterschied!

____

____

____

____

____

cb) Welche der Kosten im Situationsbeispiel zählen zu den ...

Einzelkosten: ______________________________

Gemeinkosten: ______________________________

cc) Was sind Kostenarten? ______________________________

____

____

Was sind Kostenstellen? ______________________________

____

____

d) Berechnen Sie den Anteil der Kosten „Aufwendungen für Waren“ für die Kostenstellen „Textil“ und „Foto“! Verteilen Sie die Kosten im angemessenen Verhältnis laut der Ausgangssituation und verwenden Sie bei der Berechnung die folgende Tabelle!

KOSTENSTELLEN	ANTEILE	KOSTENANTEILE
Spielwaren		800.000,00 €
Textil		
Foto		
Schmuck		900.000,00 €
		3.700.000,00 €

2-30 STATISTIKEN

Auf der Mitarbeiterversammlung der Warenhaus Huber GmbH präsentiert der Geschäftsführer, Herr Huber, Ihnen und den anderen Mitarbeitern statistische Zahlen über die aktuelle Entwicklung des Unternehmens.

Aufgabe:

1. Was ist die wesentliche Aufgabe der Betriebsstatistik?

____

____

2. Nennen Sie anhand der Abbildungen die drei Methoden der Betriebsstatistik!

____

Jahr	20.. (1)	20.. (2)
Umsatz in € Kosten in €	280.000 110.000	310.000 130.000

____

Filiale	20.. (1)	20.. (2)
München Berlin	840.000 970.500	930.000 722.000

____

Von 100,00 € Nettoumsatz eines Warenhauses entfallen 49,00 € auf den Wareneinkauf, 7,00 € auf die Bezugskosten ...

3. Die Entwicklung des Warenhauses Huber in den letzten 5 Jahre sieht wie folgt aus:

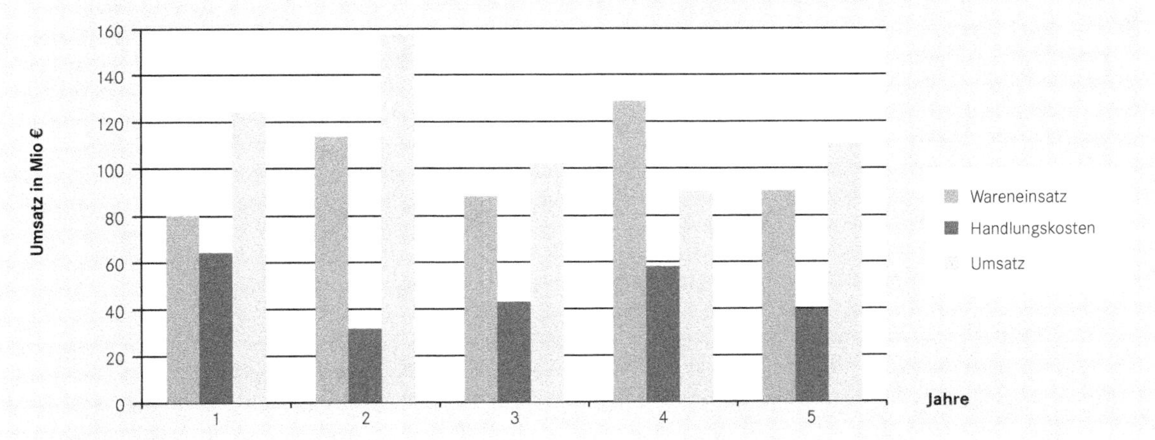

a) Um welche Art der grafischen Darstellung handelt es sich in der Abbildung?

____

b) Zu welchen Ergebnissen führt die Darstellung?

____

____

____

c) Wie bewerten Sie die Art der grafischen Darstellung?

____

____

____

____

____

____

2-31 PERSONALBESTANDSPLANUNG UND PERSONALBEDARFSPLANUNG

Sie sind in der Personalabteilung tätig und stellen im Computer fest, dass der Umsatz des Warenhauses Huber zum Jahresende 9.000.000,00 € betrug. Der aktuelle Personalbestand beträgt 120 Mitarbeiter. Von Ihrem Vorgesetzten erhalten Sie den Auftrag, die Personalbestandsplanung für die nächsten 2 Jahre durchzuführen und auf dieser Basis den zu erwartenden Personalbedarf zu ermitteln. Die Fluktuationsrate unseres Unternehmens beträgt 3 % vom Personalbestand zu Jahresbeginn.

Für die Planung sind zusätzliche Informationen bekannt:

Nächstes Jahr (+1):
- 1 Mitarbeiter geht in den Ruhestand;
- 6 von 12 Azubis werden nach der Ausbildung übernommen;
- 1 Mitarbeiter kehrt nach Beendigung des Zivildienstes zurück.

Übernächstes Jahr (+2):
- 1 Mitarbeiterin geht vorzeitig in Rente;
- 6 Mitarbeiter/innen gehen regulär in Ruhestand;
- 4 von insgesamt 6 Azubis werden nach der Ausbildung übernommen;
- 1 Mitarbeiterin beendet ihre Elternzeit und kehrt zurück.

Aufgabe:

1. Erläutern Sie den Unterschied zwischen der „Personalbedarfsplanung“ und der „Personaleinsatzplanung“!

Personalbedarfsplanung:

____

____

____

____

Personaleinsatzplanung:

____

____

____

____

2. Planen Sie den Personalbestand für die nächsten 2 Jahre, indem Sie ...

a) den Umsatz pro Mitarbeiter im Ausgangsjahr ...
b) den geplanten Umsatz (4 % Umsatzanstieg pro Jahr) ...
c) den geplanten Umsatz pro Mitarbeiter (2 % Anstieg pro Jahr) ...
d) die Anzahl der benötigten Mitarbeiter ermitteln!

Tragen Sie Ihre Ergebnisse bitte in die folgende Tabelle ein!

ZEITRAUM	GEPLANTER UMSATZ	UMSATZ PRO MITARBEITER	ANZAHL DER MITARBEITER
Ausgangsjahr (0)			
nächstes Jahr (+1)			
übernächstes Jahr (+2)			

3. Führen Sie die Personalbedarfsplanung für die kommenden zwei Jahre unter Berücksichtigungder Personalabgänge und -zugänge! Aktueller Mitarbeiterbestand sind 120 Mitarbeiter. Die Fluktuationsrate unseres Unternehmens beträgt jeweils zu Beginn 3 % vom Personalbestand!

PERSONALBEDARFSPLANUNG (aktueller Mitarbeiterstand: 120 Mitarbeiter)		
PLANUNGSJAHR	20..(+1)	20..(+2)
Personalbestand:		
Zwischensumme:		
Personalbedarf / -abbau		

2-32 PERSONALEINSATZPLANUNG I

Das Warenhaus Huber möchte im Eingangsbereich einen Info-Point einrichten und beabsichtigt eine/n neue/n Mitarbeiter/in in Vollzeit einzustellen. Ihr Vorgesetzter bittet Sie hierfür eine Stellenanzeige zu erstellen.

Aufgabe:

1. Nennen Sie 4 Inhalte, die Sie in die Anzeige aufnehmen sollten!

2. Am Ende des Auswahlverfahrens entscheidet sich die Geschäftsleitung für eine Mitarbeiterin in einem unbefristeten Arbeitsverhältnis. Welche 5 Punkte sollte dieser Arbeitsvertrag unter anderem enthalten?

____

____

____

____

____

3. In der Personalabteilung planen Sie regelmäßig den Personaleinsatz. Nennen Sie 4 rechtliche Vorschriften, die Sie berücksichtigen müssen.

____

____

____

____

4. Nennen Sie 6 Punkte, die Sie bei der Personaleinsatzplanung berücksichtigen könnten!

____

____

____

2-33 PERSONALEINSATZPLANUNG II

Sie sind in der Spielwarenabteilung des Warenhauses Huber für die Personaleinsatzplanung zuständig. Die Ladenöffnungszeiten sind von 09:00 Uhr bis 20:00 Uhr. In der Abteilung arbeiten folgende Mitarbeiter mit nicht tarifgebunden Arbeitsverträgen:

Herr Wendl — 16 Jahre alt und Auszubildender
Herr Bernskötter — 24 Jahre, Student, Teilzeitkraft mit flexibler Arbeitszeit
Herr Maurer: — 42 Jahre alt und Vollzeitkraft

Aufgabe:

1. Ermitteln Sie die Arbeitsstunden der drei Mitarbeiter (ohne Pausen) und tragen Sie diese in die Spalte „Arbeitszeit" ein!

	09-10	10-11	11-12	12-13	13-14	14-15	15-16	16-17	17-18	18-19	19-20	ARBEITZEIT IN STUNDEN
Wendl												
Bernskötter												
Maurer												

anwesend; ■ Pause

2. Begründen Sie, ob dieser Einsatzplan tatsächlich nach der Verkaufsbereitschaft umsetzbar ist! (mit Begründung!)

3. Überprüfen Sie für jeden Mitarbeiter, ob der Personaleinsatzplan den gesetzlichen Anforderungen (siehe Tabelle) entspricht!

	GESETZLICHE ANFORDERUNGEN ERFÜLLT (JA) / NICHT ERFÜLLT (NEIN)	BEGRÜNDUNG
Wendl		
Bernskötter		
Maurer		

Gesetzesauszug:

Arbeitszeitgesetz § 3 (Arbeitszeit der Arbeitnehmer)

Die werktägliche Arbeitszeit der Arbeitnehmer darf acht Stunden nicht überschreiten. Sie kann auf bis zu zehn Stunden nur verlängert werden, wenn innerhalb von sechs Kalendermonaten oder innerhalb von 24 Wochen im Durchschnitt acht Stunden werktäglich nicht überschritten werden.

Arbeitszeitgesetz § 4 (Ruhepausen)

Die Arbeit ist durch im Voraus feststehende Ruhepausen von mindestens 30 Minuten bei einer Arbeitszeit von mehr als sechs bis zu neun Stunden und 45 Minuten bei einer Arbeitszeit von mehr als neun Stunden insgesamt zu unterbrechen. Die Ruhepausen nach Satz 1 können in Zeitabschnitte von jeweils mindestens 15 Minuten aufgeteilt werden. Länger als sechs Stunden hintereinander dürfen Arbeitnehmer nicht ohne Ruhepause beschäftigt werden.

Jugendarbeitsschutzgesetz

§ 8 (Dauer der Arbeitszeit)

(1) Jugendliche dürfen nicht mehr als acht Stunden täglich und nicht mehr als 40 Stunden wöchentlich beschäftigt werden.

§ 11 Ruhepausen, Aufenthaltsräume

(1) Jugendlichen müssen im Voraus feststehende Ruhepausen von angemessener Dauer gewählt werden. Die Ruhepausen müssen mindestens betragen

1. 30 Minuten bei einer Arbeitszeit von mehr als viereinhalb bis zu sechs Stunden,
2. 60 Minuten bei einer Arbeitszeit von mehr als sechs Stunden.

4. Welche Punkte müssen Sie bei der Personaleinsatzplanung berücksichtigen? Nennen Sie vier!

5. Die Stelle von Herrn Bernskötter soll nach Ende seines Studiums neu besetzt werden. Nennen Sie vier Gesichtspunkte, die die Stellenanzeige beinhalten sollte!

2-34 PERSONALBESCHAFFUNG

Sie sind in der Personalabteilung der Warenhaus Huber GmbH eingesetzt. Im Rahmen der Personalplanung und -beschaffung ist Ihnen am 15. März 2018 eine Kündigung von Frau Behrens eingegangen. Sie war 4 Jahre im Unternehmen und wird ihre Tätigkeit Ende Mai beenden.

Aufgabe:

1. Die Stelle von Frau Behrens soll neu besetzt werden. Prüfen Sie folgende Stellenanzeige dahingehend, welche zwei Angaben rechtlich unzulässig sind!

Die Warenhaus Huber GmbH sucht zum 1. Juni 2018 eine

Mitarbeiterin in der Spielwarenabteilung

Ihr Aufgabengebiet:
- Beratung von Kunden
- Ausüben von Kassiertätigkeiten
- Einräumen von Ware
- Durchführung von Lagertätigkeiten

Ihr Profil:
- Abgeschlossene kaufmännische Ausbildung
- Berufserfahrung im Verkauf
- Höchstalter 30 Jahre

Wir bieten Ihnen:
- Abwechslungsreiche Tätigkeiten
- Aufstiegsmöglichkeiten
- Leistungsgerechte Bezahlung

Bitte senden Sie Ihre Bewerbung an:
Warenhaus Huber GmbH • Kaufingerstr. 12 • 80331 München

2. Welche drei Anforderungen könnten Sie unter „Ihr Profil" ergänzen?

3. Welche drei weiteren Möglichkeiten sehen Sie, für Frau Behrens extern neues Personal zu beschaffen?

4. Geben Sie vier Unterlagen an, die Sie bei der Auswahl der Bewerbungen prüfen!

5. Nach dem Aussortieren der Bewerbungsunterlagen planen Sie als nächstes die Vorbereitung eines Vorstellungsgespräches. Welche vier Arbeitsschritte haben Sie zu unternehmen?

6. Formulieren Sie vier Fragen, die Sie beim Vorstellungsgespräch einem Stellenbewerber stellen könnten?!

7. Auf welche Dinge muss ein Bewerber nicht wahrheitsgemäß antworten? Geben Sie drei Beispiele!

8. Sie entscheiden sich für Herrn Wiedemann als neuen Mitarbeiter. Nennen Sie drei Inhalte des Arbeitsvertrages!

2-35 PERSONALBESCHAFFUNG – PERSONALFÜHRUNG – PERSONALENTWICKLUNG

Um den Personalbedarf decken zu können, werden Sie beauftragt, bei der Suche nach neuen Mitarbeitern mitzuwirken. Neben der Personalbeschaffung hat das Warenhaus Huber besonders Interesse daran, die Personalbetreuung und -entwicklung weiterhin zu verbessern.

Aufgabe:

1. a) Über welche zwei Wege könnten Sie Personal beschaffen? Geben Sie jeweils zwei Beispiele?

____

____

b) Worin unterscheiden sich beide Wege?

____

____

____

c) Nennen Sie zwei Vor- und Nachteile der internen Personalbeschaffung?

____

____

____

____

d) Über welche Maßnahmen könnte das Warenhaus Huber den Personalbedarf decken? Nennen Sie jeweils zwei!

da) langfristig: ____

____

db) kurzfristig: ____

____

2. Da in Ihrer Abteilung für das kommende Geschäftsjahr eine Umsatzsteigerung von 8 % erwartet wird, soll ein neuer Mitarbeiter / eine neue Mitarbeiterin eingestellt werden.

a) Welche Unterlagen sollte der Bewerber / die Bewerberin seiner / ihrer Bewerbung beifügen? Nennen Sie drei!

____

____

b) Die Geschäftsleitung entscheidet sich für die Einstellung von Nicole Gehrmann und schließt mit ihr einen Arbeitsvertrag ab. Nennen Sie drei Rechte und drei Pflichten, die sich aus dem Arbeitsvertrag ergeben!

Rechte: ______________________________

____

Pflichten: ______________________________

____

3. a) Erläutern Sie die Begriffe und geben Sie jeweils zwei Beispiele!

aa) Personalbetreuung (-führung):

____

____

____

____

ab) Personalentwicklung:

____

____

____

____

b) Nennen Sie zwei Ziele der Personalführung und -entwicklung ...

ba) aus der Sicht des Warenhauses:

____

____

____

____

bb) aus der Sicht der Mitarbeiter / innen:

____

____

____

____

2-36 PERSONALENTWICKLUNG (DEMOTIVATION)

Als Mitarbeiter/-in der Warenhaus Huber GmbH sollen Sie bei der Auswertung einer Mitarbeiterbefragung mitwirken. Die Ergebnisse dieser Befragung zeigen, dass bei etlichen MitarbeiterInnen die Motivation am Arbeitsplatz fehlt.

Abb.: Thommy Weiss/pixelio.de

Aufgabe:

1. Nennen Sie fünf mögliche Ursachen für die fehlende Motivation bei den Mitarbeitern / Mitarbeiterinnen!

____

____

2. Erläutern Sie, welche Folge sich aus der Demotivation der MitarbeiterInnen ergeben könnte!

____

____

3. Welche vier Maßnahmen könnte die Warenhaus Huber GmbH im Rahmen der Personalentwicklung ergreifen?

____

____

2-37 LOHN- UND GEHALTSABRECHNUNG I

Als Mitarbeiter des Warenhauses Huber sind Sie zur Zeit in der Personalabteilung beschäftigt. Zu Ihrer wesentlichen Aufgabe zählt, Auskünfte über das Zusammensetzung der Gehaltsabrechnung sowie über sonstige Personalangelegenheiten zu geben. Es liegen Ihnen folgende Zahlen vor:

(1) Nettoumsatz: 54.000,00 €
Personalkosten: 7.400,00 €

(2) Gehaltsabrechnung eines Angestellten:
Bruttogehalt: 1.936,05 €
Lohnsteuer: 182,64 €
Kirchensteuer: 15,12 €
Solidaritätszuschlag: 8,22 €
Sozialversicherungsabgaben: 370,85 €

Aufgabe:

1. Wie hoch ist der Prozentanteil der Personalkosten am Nettoumsatz?

2. Berechnen Sie den Prozentanteil der gesamten Abzüge am Bruttogehalt!

3. Wonach richtet sich die Höhe des Lohnsteuerabzugs? Nennen Sie hierzu zwei Aspekte!

4. Wie viele Lohnsteuerklassen gibt es?

5. Nennen Sie die Träger der gesetzlichen Sozialversicherung und jeweils zwei Leistungen!

6. Wer gibt den Sozialversicherungsnachweis heraus?

2-38 LOHN- UND GEHALTSABRECHNUNG II

Als Mitarbeiter in der Personalabteilung sollen Sie für Mike Bauer die Gehaltsabrechnung erstellen. Für die Berechnung liegen Ihnen folgende Daten vor:

- ledig
- kein Kinderfreibetrag
- römisch-katholisch (Kirchensteuersatz 8 %)
- Grundgehalt: 2.470,00 €
- Beitragssätze zur Sozialversicherung:

Krankenversicherung	12,8 %
Pflegeversicherung	1,7 %
Rentenversicherung	19,5 %
Arbeitslosenversicherung	6,5 %

Aufgabe:

1. Wie viele Lohnsteuerklassen gibt es und welcher Lohnsteuerklasse wird Mike Bauer angehören?

2. Wie viel Lohnsteuer muss Mike Bauer laut Lohnsteuertabelle zahlen?

LOHN (BIS)		LST	OHNE KIFB.		KIFB: 0,5		KIFB: 1,0		KIFB: 1,5		KIFB: 2,0		KIFB: 2,5		KIFB: 3,0	
	STKL		KIST	SOLZ	KIST	SOLZ	KIST	SOLZ	KIST	SOLZ	KIST	SOLZ	KIST	SOLZ	KIST	SOLZ
2.465,99	I	**388,58**	31,08	21,37	25,37	17,44	19,91	13,69	14,71	10,11	9,77	6,71	5,12		1,30	
	II	**356,00**	28,48	19,58	22,88	15,73	17,54	12,05	12,46	8,56	7,63	2,88	3,28			
	III	**128,66**	10,29		6,21		2,64									
	IV	**388,58**	31,08	21,37	28,19	19,38	25,37	17,44	22,61	15,54	19,91	13,69	17,28	11,88	14,71	10,11
	V	**744,16**	59,53	40,92	59,53	40,92	59,53	40,92	59,53	40,92	59,53	40,92	59,53	40,92	59,53	40,92
	VI	**776,41**	62,11	42,70	62,11	42,70	62,11	42,70	62,11	42,70	62,11	42,70	62,11	42,70	62,11	42,70
2.468,99	I	**389,41**	31,15	21,41	25,44	17,49	19,98	13,73	14,77	10,15	9,83	6,76	5,18		1,34	
	II	**356,83**	28,54	19,62	22,94	15,77	17,60	12,10	12,51	8,60	7,68	3,01	3,32			
	III	**129,33**	10,34		6,26		2,68									
	IV	**389,41**	31,15	21,41	28,26	19,43	25,44	17,49	22,67	15,58	19,98	13,73	17,34	11,92	14,77	10,15
	V	**745,41**	59,63	40,99	59,63	40,99	59,63	40,99	59,63	40,99	59,63	40,99	59,63	40,99	59,63	40,99
	VI	**777,66**	62,21	42,77	62,21	42,77	62,21	42,77	62,21	42,77	62,21	42,77	62,21	42,77	62,21	42,77
2.471,99	I	**390,33**	31,22	21,46	25,50	17,53	20,04	13,77	14,84	10,20	9,88	6,79	5,22		1,38	
	II	**357,75**	28,62	19,67	23,01	15,82	17,66	12,14	12,57	8,64	7,74	3,16	3,37			
	III	**130,00**	10,40		6,30		2,72									
	IV	**390,33**	31,22	21,46	28,33	19,47	25,50	17,53	22,74	15,63	20,04	13,77	17,40	11,96	14,84	10,20
	V	**746,75**	59,74	41,07	59,74	41,07	59,74	41,07	59,74	41,07	59,74	41,07	59,74	41,07	59,74	41,07
	VI	**778,91**	62,31	42,84	62,31	42,84	62,31	42,84	62,31	42,84	62,31	42,84	62,31	42,84	62,31	42,84

3. a) Wonach wird die Kirchensteuer berechnet?

b) Wie hoch ist die zu zahlende Kirchensteuer?

4. Wie viel Euro beträgt der Solidaritätszuschlag für Mike Bauer?

5. a) Wie werden die Beiträge zur Sozialversicherung berechnet?

b) Berechnen Sie die Beiträge (Arbeitnehmeranteile) zur KV, PV, RV und AV für Herrn Bauer!

6. Ermitteln Sie aus den gewonnenen Ergebnissen ...

a) das Nettogehalt

b) den prozentualen Anteil der Abzüge!

7. Welche der genannten Abzüge werden vom Arbeitgeber abgeführt?

a) ans Finanzamt

____

b) an die Krankenkasse

____

2-39 LOHN- UND GEHALTSABRECHNUNG III

Die Warenhaus Huber GmbH hat Frau Beate Niehaus als neue Mitarbeiterin eingestellt. Sie soll ein Bruttogehalt in Höhe von 2.180,00 € erhalten. Folgende Angaben liegen für Frau Beate Niehaus zugrunde: Geb. 15.04.1985, Steuerklasse I, evangelisch (9 % Kirchensteuer), keine Kinderfreibeträge.

BEITRAGSSÄTZE:	ARBEITNEHMERANTEIL	ARBEITGEBERANTEIL
Krankenkassenbeitragssätze	8,2 %	7,2 %
Pflegeversicherungsbeitragssätze	1,025 %	1,025 %
Pflegeversicherungsbeitragssätze für Kinderlose (ab 23. Lebensjahr)	1,275 %	1,025 %
Rentenversicherungsbeitragssätze	9,45 %	9,45 %
Arbeitslosenversicherungsbeitragssätze:	1,5 %	1,5 %

Aufgabe:

1. Berechnen Sie anhand der in den Unterlagen enthaltenden Angaben ihr Nettogehalt und tragen Sie Ihre Ergebnisse in die grauen Felder der untenstehende Tabelle ein!

GEHALTSABRECHNUNG	BEATE NIEHAUS
Bruttogehalt	2.180,00 €
Lohnsteuer	249,91 €
Solidaritätszuschlag	13,74 €
Kirchensteuer	22,49 €
Krankenversicherung	
Pflegeversicherung	
Rentenversicherung	
Arbeitslosenversicherung	
Nettogehalt	

2-40 LOHN- UND GEHALTSABRECHNUNG IV

Sie sind zurzeit in der Personalabteilung des Warenhauses Huber eingesetzt und überlegen bisherige Mitarbeiter eines in der Nähe gelegenen Spielwarenfachgeschäftes einzustellen, die aufgrund einer Geschäftsaufgabe arbeitslos geworden sind. In Ihrer Spielwarenabteilung wäre Personalbedarf.

Aufgabe:

1. Nennen Sie drei Gründe, die für die Einstellung bisheriger Mitarbeiter eines Spielwarenfachgeschäftes sprechen!

2. Ihnen liegen für zwei Mitarbeiter folgende Daten vor:

	FRAU MAIKE KINDL	HERR QUIRIN NERLINGER
Angestellt seit	1. August 2016	Januar 2017
Berufsausbildung	Verkäuferin (01.08.2014 - 31.07.2016)	Kfm. im Einzelhandel (01.08.2014 - 20.01.2017)
Tätigkeiten	Einfache kaufmännische Tätigkeiten im Verkauf und Lager	Kaufmännische Tätigkeiten im Verkauf, Lager und Bestellwesen

Beide Mitarbeiter sind vollzeitbeschäftigt und haben einen Vertrag über vermögenswirksame Leistungen. Für beide gilt der Haustarifvertrag (Stand 1. Januar 2018) des Warenhauses Huber:

Haustarifvertrag des Warenhauses Huber

Höhe der Monatsgehälter für Angestellte

Unterste Gehaltsgruppe:
Angestellte ohne eine abgeschlossene Ausbildung oder ohne eine abgeschlossene gleichwertige Ausbildung:
1.569,00 € bis 2.432,00 €

Einstieg nach Ausbildung:
Nach abgeschlossener 2-jähriger Ausbildung (Verkäufer/-in) gilt das 1. Berufsjahr zurückgelegt; nach abgeschlossener 3-jähriger Ausbildung (Kaufmann/Kauffrau im Einzelhandel) gelten das 1. und 2. Berufsjahr als zurückgelegt.

1. Berufsjahr .... 1.651,00 €
2. Berufsjahr .... 1.712,00 €
3. Berufsjahr .... 1.878,00 €
4. Berufsjahr .... 1.966,00 €
5. Berufsjahr .... 2.039,00 €
6. Berufsjahr .... 2.432,00 €

Wöchentliche Regelarbeitszeit:	40 Stunden
Urlaubsdauer:	36 Werktage
Zusätzliches Urlaubsgeld:	50 % des jeweiligen Bruttoentgelts
Vermögenswirksame Leistungen:	13,67 € Arbeitgeberanteil je Monat

Berechnen Sie mithilfe des Haustarifvertrages das Bruttogehalt für Frau Maike Kindl ab dem 1. Januar 2018!

3. Ihr Vorgesetzter bittet Sie, die Stellenbeschreibungen für die Mitarbeiter zu erstellen. Nennen Sie hierzu vier Inhalte, die in den Stellenbeschreibungen enthalten sein sollten!

____

____

____

____

4. Nennen Sie <u>zwei</u> Aspekte, wozu Stellenbeschreibungen dienen!

____

____

____

____

5.

Herr Quirin Nerlinger soll ab dem 1. Januar 2018 in der Spielwarenabteilung arbeiten. Er verdient ein Bruttogehalt von 1.966,00 € und verfügt über einen Vertrag über vermögenswirksame Leistungen. Für die Berechnung der Personalkosten von Herrn Nerlinger benötigen Sie neben dem Haustarifvertrag folgende Angaben:

BEITRÄGE	ARBEITGEBERANTEIL
Krankenversicherung:	gesamt: 19, 325 %
Rentenversicherung:	
Arbeitslosenversicherung:	
Pflegeversicherung:	
Monatlicher Beitrag zur Unfallversicherung je Mitarbeiter:	4,94 €

Ermitteln Sie für Herrn Nerlinger das jährliche sozialversicherungspflichtige Bruttogehalt und die jährlich anfallenden Personalkosten für das Warenhaus Huber! Tragen Sie Ihre Werte in die Tabelle ein!

PERSONALKOSTEN	JAHRESWERTE IN EURO

2-41 WERBUNG I

INVESTITIONEN IN DIE WERBUNG nominal in Mrd. € (gerundet)					
	2004	2005	2006	2007	2008
Gesamt Medienkosten ...	29,22 + 1,1 %	29,60 + 1,3 %	30,23 + 2,1 %	30,83 + 2,0 %	30,67 - 0,5 %
davon Netto-Werbe-einnahmen der Medien	19,58 + 1,6 %	19,83 + 1,3 %	20,35 + 2,6 %	20,81 + 2,3 %	20,36 - 2,2 %

Quelle: Zentralverband der deutschen Werbewirtschaft ZAW

Aufgabe:

1. Zu welchen zentralen Aussagen gelangen Sie bei Betrachtung der Tabelle in der Situation?

____

____

____

2. Welche Ziele werden mit Werbung verfolgt?

____

____

3. Entscheiden Sie, welche Werbegrundsatz sich hinter welcher der folgenden Aussagen verbirgt!

	AUSSAGEN	WERBEGRUNDSATZ
1.	Die Werbebotschaft soll leicht verständlich und übersichtlich sein“	
2.	Die Werbemaßnahme soll die Aufmerksamkeit des Kunden erregen und ihn zum Kauf veranlassen“	
3.	Die Werbung muss frei von unzutreffenden Behauptungen, Übertreibungen und Entstellung von Tatsachen sein“	
4.	Der Werbeaufwand muss in einem angemessenen Verhältnis zum Werbeertrag sein“	
5.	Werbung soll beim Kunden einen Wiedererkennungs-Effekt auslösen“	

4. a) Wie lässt sich der Werbeerfolg ökonomisch messen und welche weiteren Kennzahlen können zur Messung der Werbewirkung herangezogen werden?

____

____

____

____

____

b) Warum ist der Werbeerfolg in der Praxis schwer zu messen?

5. Wie bezeichnet man die Gruppe, die durch die Werbung angesprochen werden soll?

6. Was versteht man in der Werbung unter „Streuzeit"?

7. Erläutern Sie den Begriff „Streugebiet"?

8. Was besagt der Werbeetat?

9. Welche Gründe könnten für die Einschaltung einer Werbeagentur sprechen, um neue und hochwertige Artikel erfolgreich publik machen zu können?

2-42 WERBUNG II

§ 5 Irreführende Werbung

(1) Unlauter im Sinne von § 3 handelt, wer irreführend wirbt.

(2) Bei der Beurteilung der Frage, ob eine Werbung irreführend ist, sind alle ihre Bestandteile zu berücksichtigen, insbesondere in ihr enthaltene Angaben über:

1. die Merkmale der Waren oder Dienstleistungen wie Verfügbarkeit, Art, Ausführung, Zusammensetzung, Verfahren und Zeitpunkt der Herstellung oder Erbringung, die Zwecktauglichkeit, Verwendungsmöglichkeit, Menge, Beschaffenheit, die geographische oder betriebliche Herkunft oder die von der Verwendung zu erwartenden Ergebnisse oder die Ergebnisse und wesentlichen Bestandteile von Tests der Waren oder Dienstleistungen;
2. den Anlass des Verkaufs und den Preis oder die Art und Weise, in der er berechnet wird, und die Bedingungen, unter denen die Waren geliefert oder die Dienstleistungen erbracht werden;
3. die geschäftlichen Verhältnisse, insbesondere die Art, die Eigenschaften und die Rechte des Werbenden, wie seine Identität und sein Vermögen, seine geistigen Eigentumsrechte, seine Befähigung oder seine Auszeichnungen oder Ehrungen.

Bei der Beurteilung, ob das Verschweigen einer Tatsache irreführend ist, sind insbesondere deren Bedeutung für die Entscheidung zum Vertragsschluss nach der Verkehrsauffassung sowie die Eignung des Verschweigens zur Beeinflussung der Entscheidung zu berücksichtigen.

3) Angaben im Sinne von Absatz 2 sind auch Angaben im Rahmen vergleichender Werbung sowie bildliche Darstellungen und sonstige Veranstaltungen, die darauf zielen und geeignet sind, solche Angaben zu ersetzen.

(4) Es wird vermutet, dass es irreführend ist, mit der Herabsetzung eines Preises zu werben, sofern der Preis nur für eine unangemessen kurze Zeit gefordert worden ist. Ist streitig, ob und in welchem Zeitraum der Preis gefordert worden ist, so trifft die Beweislast denjenigen, der mit der Preisherabsetzung geworben hat.

(5) Es ist irreführend, für eine Ware zu werben, die unter Berücksichtigung der Art der Ware sowie der Gestaltung und Verbreitung der Werbung nicht in angemessener Menge zur Befriedigung der zu erwartenden Nachfrage vorgehalten ist. Angemessen ist im Regelfall ein Vorrat für zwei Tage, es sei denn, der Unternehmer weist Gründe nach, die eine geringere Bevorratung rechtfertigen. Satz 1 gilt entsprechend für die Werbung für eine Dienstleistung.

§ 6 Vergleichende Werbung

(1) Vergleichende Werbung ist jede Werbung, die unmittelbar oder mittelbar einen Mitbewerber oder die von einem Mitbewerber angebotenen Waren oder Dienstleistungen erkennbar macht.

(2) Unlauter im Sinne von § 3 handelt, wer vergleichend wirbt, wenn der Vergleich

1. sich nicht auf Waren oder Dienstleistungen für den gleichen Bedarf oder dieselbe Zweckbestimmung bezieht,
2. nicht objektiv auf eine oder mehrere wesentliche, relevante, nachprüfbare und typische Eigenschaften oder den Preis dieser Waren oder Dienstleistungen bezogen ist,
3. im geschäftlichen Verkehr zu Verwechslungen zwischen dem Werbenden und einem Mitbewerber oder zwischen den von diesen angebotenen Waren oder Dienstleistungen oder den von ihnen verwendeten Kennzeichen führt,
4. die Wertschätzung des von einem Mitbewerber verwendeten Kennzeichens in unlauterer Weise ausnutzt oder beeinträchtigt,
5. die Waren, Dienstleistungen, Tätigkeiten oder persönlichen oder geschäftlichen Verhältnisse eines Mitbewerbers herabsetzt oder verunglimpft oder
6. eine Ware oder Dienstleistung als Imitation oder Nachahmung einer unter einem geschützten Kennzeichen vertriebenen Ware oder Dienstleistung darstellt.

Aufgabe:

1. Das Gesetz gegen den unlauteren Wettbewerb (UWG) setzt der Werbung rechtliche Grenzen. Was müssen Sie bei Werbeaktionen beachten, um nicht gegen das UWG zu verstoßen?

2. Welche anderen rechtlichen Bestimmungen müssen bei Werbeaktionen berücksichtigt werden?

____

____

____

3. „Werbung verführt und veranlasst zu unüberlegten Handlungen". Wie denken Sie über die Aussage?

____

____

____

4. Mit welchen Mitteln versucht die Werbung zum Kauf zu verleiten? Finden Sie Beispiele für

a) psychologische Mittel: ______________________________

____

b) sprachliche Mittel: ______________________________

____

c) akustische Mittel: ______________________________

____

d) optische Mittel: ______________________________

____

5. Entscheiden Sie in den folgenden Beispielen, wogegen sie im einzeln gesetzlich verstoßen!

a) „Ein Einzelhändler wirbt mit einer radikalen Preisreduzierung von 599,00 € auf 299,00 €. Der Preis vor der Reduzierung lag allerdings bei 349,00 €".

____

b) „Eine Anzeige eines Einzelhändlers wirbt für Laufschuhe, einmalig günstig für nur 29,00 €. Allerdings hat er von jeder Größe nur ein Paar zur Verfügung".

____

c) „Ein Einzelhändler wirbt auf Plakaten mit Produkten, die bei der Stiftung Warentest gute oder sehr gute Noten erhalten haben. Allerdings fehlt bei diversen Produkten der Hinweis, wann sie überhaupt getestet wurden".

____

d) „Aus der Anzeige eines Mitbewerbers der Biosan GmbH: Selbstverständlich können Sie Ihre Lebensmittel bei Biosan GmbH kaufen, aber haben Sie sich schon einmal den Schmutz hinter der Fleischtheke angesehen? Kommen Sie lieber zu uns, wir arbeiten hygienisch sauber".

____

2-43 WERBEBUDGET

Die Warenhaus Huber GmbH möchte Ihre Kunden auf die Eröffnung einer neuen Sportabteilung in München aufmerksam machen und plant hierzu eine große Eröffnungsfeier. Sie als Auszubildende/Auszubildender sollen dieses Event mitplanen und durchführen. Allerdings stehen Ihnen für die folgenden Marketingmaßnahmen (siehe Tabelle) nur Gelder (Werbebudget) in Höhe von 3.400,00 € zur Verfügung.

VORSCHLÄGE FÜR GEEIGNETE MARKETINGMASSNAHMEN	KOSTEN
Flyer (Papier und Druck) 5.000 Stück	70,00 €
2000 Briefwurfsendungen für Stammkunden	600,00 €
Give-aways mit Warenhaus Huber-Logo - 800 Stück	280,00 €
Anzeige in einer Fachzeitschrift für 3 Monate	1.100,00 €
Anzeige in einer regionalen Tageszeitung, halbseitig am Samstag	2.328,00 €
Unterhaltungsprogramm	2.200,00 €

Aufgabe:

1. Entscheiden Sie sich im Rahmen des vorgebenden Werbebudgets für einige Vorschläge und begründen Sie diese!

VORSCHLÄGE	ENTSCHEIDUNG MIT BEGRÜNDUNG
Flyer	
Anschreiben der Stammkunden	
Give-aways	
Anzeige Fachzeitschrift	
Anzeige in regionaler Tageszeitung	
Unterhaltungsprogramm	

2. Berechnen Sie die Gesamtkosten der von Ihnen gewählten Marketingmaßnahmen!

2-44 VERKAUFSFÖRDERUNG

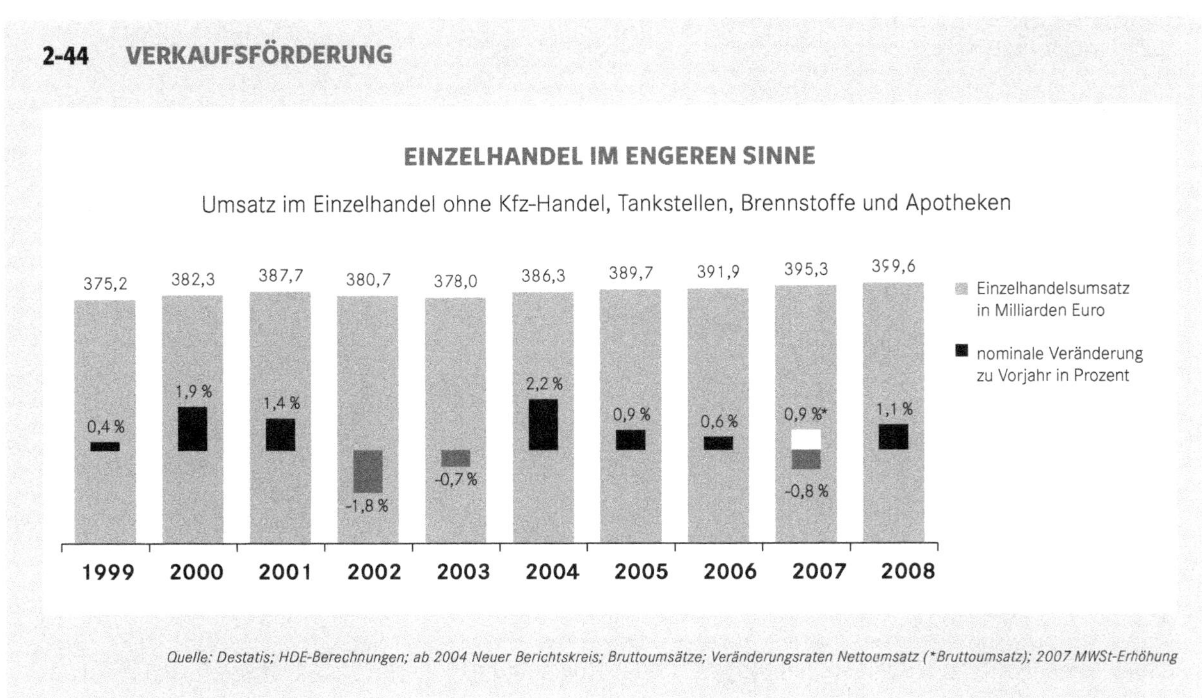

*Quelle: Destatis; HDE-Berechnungen; ab 2004 Neuer Berichtskreis; Bruttoumsätze; Veränderungsraten Nettoumsatz (*Bruttoumsatz); 2007 MWSt-Erhöhung*

Aufgabe:

1. Erläutern Sie die Umsatzstatistik des Einzelhandels! Gibt es einen Zusammenhang zum Thema „Verkaufsförderung"?

____

____

____

____

2. Was versteht man unter einer „Verkaufsförderung" (sales-promotion)? Geben Sie hierzu bitte ein Beispiel!

____

____

____

____

3. „Kundenbindung wird als ´strategischer Faktor` im Einzelhandel gesehen".

a) Was versteht man unter „Kundenbindung" unter Berücksichtigung dieser Aussage?

____

____

____

____

b) Was haben Verkaufsförderung und „Kundenbindung“ gemeinsam?

c) Nennen Sie eine erfolgreiche Maßnahme der Kundenbindung im Einzelhandel!

4. Eine andere Maßnahme der Kommunikationspolitik ist „Public Relations“.

a) Welche Ziele bzw. Aufgaben verfolgt eine PR-Maßnahme?

b) Wer gehört zu der Zielgruppe einer PR-Maßnahme?

c) Nennen Sie zwei PR-Maßnahmen!

5. Benennen Sie zu folgenden Erklärungen die Maßnahme der Verkaufsförderung!

ERKLÄRUNGEN	MASSNAHME
1. „Kunden erhalten regelmäßig E-Mails, die neben Produktinformationen noch zusätzlich nützliche Hinweise für Kunden geben“	
2. „In Zeitungen, Prospekten oder Verpackungen werden sie verteilt. Der Kunde hat damit das Recht, auf einzelne Waren Rabatte oder Zugaben zu erhalten“.	
3. „... sind kleine Mengen eines Artikels, die zum Kauf anregen sollen“.	
4. „Kunden können ihre Waren telefonisch, per Fax oder per E-Mail aufgeben. Sie bezahlen meist per Rechnung“.	
5. „Zusätzlich über die vom Gesetzgeber festgelegte Gewährleistung hinausgehende freiwillige Serviceleistung des Herstellers oder Einzelhändlers“.	

2-45 MARKETING

Die Geschäftsleitung der Warenhaus Huber GmbH steht in einem verstärkten Wettbewerb zu anderen Einzelhandelsbetrieben. Als Mitarbeiter in der Marketing-Abteilung werden Sie beauftragt, an einem neuen Marketing-Konzept mitzuwirken, das die Marktposition verbessert.

Aufgabe:

1. Erklären Sie den Begriff „Marketing“!

2. Nennen und beschreiben Sie drei Marketing-Instrumente!

1. ______________:

2. ______________:

3. ____________:

____

____

____

____

____

____

3. Welche zwei Maßnahmen wären dazu geeignet, Informationen über das Kaufverhalten Ihrer Kunden zu erhalten?

____

____

____

____

____

____

____

4. a) Welche Informationen über Ihre Kunden interessieren Sie besonders? Nennen Sie vier!

____

____

____

____

____

____

b) Welche Faktoren, die außerhalb des Betriebes liegen, beeinflussen die Umsatzentwicklung? Nennen Sie bitte vier!

____

____

____

____

5. In der folgenden Abbildung ist die Umsatzentwicklung des Warenhauses Huber dargestellt.

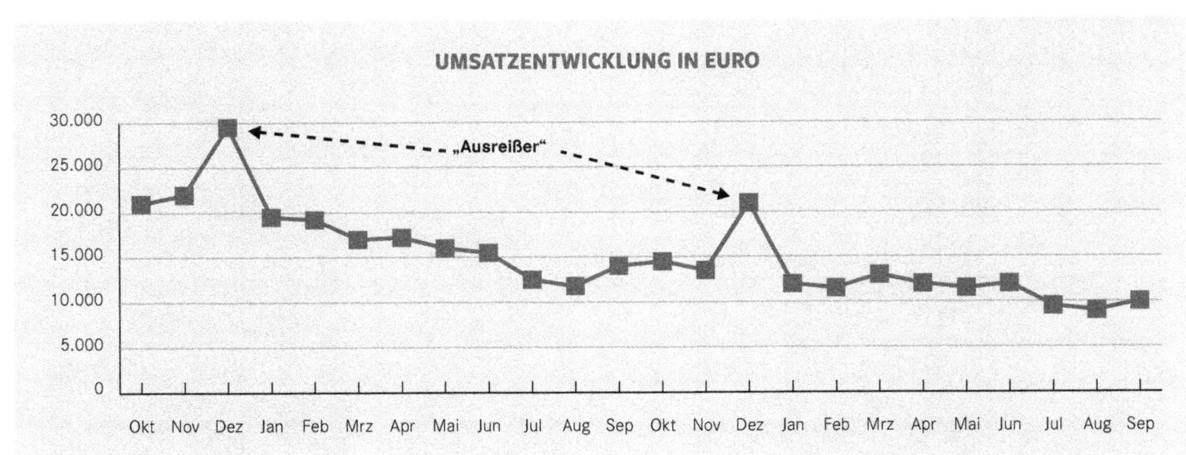

a) Um wie viel Prozent ist der Umsatz im gesamten Zeitraum von Oktober bis Juli ungefähr gesunken, wenn der Umsatz im Oktober 22.000,00 € und im August 9.000,00 € betrug?

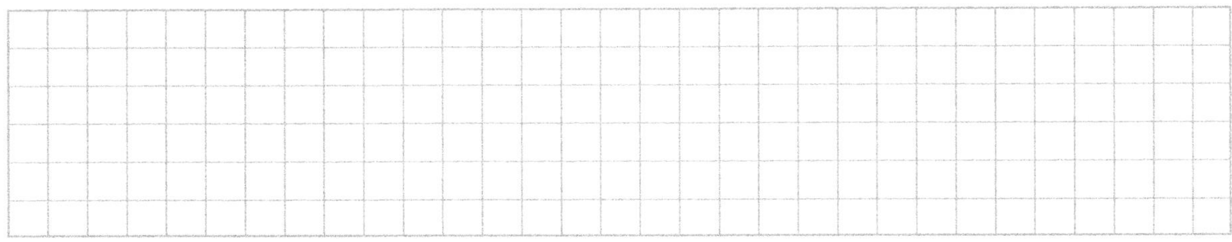

b) Womit lassen sich die „Ausreißer“ (siehe Pfeile) begründen?

____

____

c) Welche Ursachen könnten die Umsatzrückgänge haben? Nennen Sie hierzu vier!

____

____

____

d) Was können Sie unternehmen, um wieder erfolgreich zu sein? Nennen Sie zwei Aspekte!

____

____

____

____

____

____

2-46 MARKTFORSCHUNG I

Die Umsätze in Ihrem Unternehmen sind im letzten Quartal deutlich zurückgegangen. Da sortiments-, service- und preispolitische Maßnahmen wesentlich zu einer Steigerung der Wettbewerbsfähigkeit führen können und Ihre Mitbewerber neben kostenlosen Parkplätzen und Kartenzahlungen mehr Serviceleistungen anbieten, planen Sie die Durchführung einer eigenen Marktforschung.

Aufgabe:

1. Nennen Sie jeweils zwei mögliche „innerbetriebliche" und „außerbetriebliche" Ursachen für den Umsatzrückgang!

Innerbetrieblich: ______________________________

____

Außerbetrieblich: ______________________________

____

2. Welche Informationen zur Mitbewerber- und Nachfragesituation sollten Sie im Rahmen Ihrer Marktforschung gewinnen?

Informationen zur Mitbewerbersituation: ______________________________

____

Informationen zur Nachfragesituation: ______________________________

____

3. Nennen Sie zwei Vorteile für die Durchführung einer „eigenen" Marktforschung!

____

____

4. Im Rahmen der Marktforschung wird zwischen *„Primärforschung"* und *„Sekundärforschung"* unterschieden. Erläutern Sie diese!

____

____

____

____

5. Nennen Sie drei Informationsquellen, auf die Sie bei Ihrer Marktforschung zurückgreifen könnten!

____

____

____

6. Welche 2 Vorteile würden sich aus der „Primärforschung" ergeben?

7. Welche Serviceleistungen könnten Sie zusätzlich anbieten?

8. Schlagen Sie vier Maßnahmen vor, wie Sie Ihre Kunden auf diese Verbesserung aufmerksam machen könnten!

2-47 MARKTFORSCHUNG II

Ihr Unternehmen plant das Sortiment zu erweitern und führt zunächst einmal eine „Marktanalyse" und „Marktbeobachtung" durch.

Foto: iStock/Meinzahn

Aufgabe:

1. Erläutern Sie die Begriffe **„Marktanalyse"** und **„Marktbeobachtung"**!

   Marktanalyse:

   Marktbeobachtung:

2. Welche Erkenntnisse können Sie durch Marktforschung gewinnen?

3. Nennen Sie drei Informationsquellen der **„Sekundärforschung"**!

4. Um die neuen und hochwertigen Produkte im Rahmen der Sortimentserweiterung erfolgreich publik machen zu können, soll eine Werbeagentur beauftragt werden.

a) Welche Gründe könnten für die Einschaltung einer Werbeagentur sprechen?

b) Welche Informationen könnten Sie der Werbeagentur für die Erstellung des Werbeplans geben?

5. Nach der Durchführung der Werbeaktion soll der Werbeerfolg ermittelt werden. Geben Sie zwei Kennzahlen an, die Aufschluss über den Erfolg der Werbeaktion geben könnten!

6. Warum ist der Werbeerfolg in der Praxis schwer zu messen?

2-48 SORTIMENTSPOLITIK

Da der Umsatz in der Warenhaus Huber GmbH in den letzten Monaten zurückgegangen ist, plant die Geschäftsleitung ihr Sortiment zu erweitern.

Foto: TeraVector – Fotolia.de

Aufgabe:

1. Nennen Sie jeweils zwei Argumente, die für und gegen eine Sortimentserweiterung sprechen!

für eine Sortimentserweiterung:

gegen eine Sortimentserweiterung:

2. Welche Möglichkeiten könnten Sie unternehmen den Markt näher zu untersuchen? (4 Beispiele)

3. Nennen Sie vier Maßnahmen den Absatz zu steigern!

____

____

____

____

2-49 SERVICELEISTUNGEN

Wie Ergebnisse der letzten Umfrage ergeben haben, erwarten die Kunden der Warenhaus Huber GmbH künftig ein besseres Serviceangebot. Bislang beschränkt sich der Service des Warenhauses ausschließlich auf das Anbieten kostenloser Parkplätze sowie auf die Kartenzahlungen.

Aufgabe:

1. Schlagen Sie der Geschäftsleitung des Warenhauses Huber vier weitere Serviceleistungen zur Verbesserung der Wettbewerbsfähigkeit vor!

____

____

2. Nennen Sie vier Werbemittel, über diese Sie die Kunden auf diese Verbesserung aufmerksam machen könnten!

____

____

____

____

3. Das Warenhaus Huber möchte künftig *„warenbezogene"*, *„kundenbezogene"* sowie *„zahlungsbezogene"* Serviceleistungen anbieten. Nennen Sie für jede Serviceart deren Ziel, das sie verfolgt und geben Sie hierzu jeweils ein Beispiel!

Warenbezogene Serviceleistungen:

____

____

Kundenbezogene Serviceleistungen:

____

____

Zahlungsbezogene Serviceleistungen:

____

____

4. Begründen Sie, warum der *„Umtausch“* eine Serviceleistung darstellt!

____

____

____

____

2-50 KUNDENKARTEN

Sie eröffnen in einem Einkaufscenter ein Geschäft und möchten Ihre Kunden langfristig binden. Als Möglichkeit denken Sie über die Einführung von Kundenkarten nach, um auf diese Weise Kundendaten speichern und auswerten zu können.

Foto: iStock/luckyraccoon

Aufgabe:

1. Nennen Sie 3 Beispiele, wozu Sie diese Daten nutzen können!

____

____

2. Formulieren Sie jeweils zwei Vor- und Nachteile von Kundenkarten aus Sicht der Kunden!

Vorteile: ____

____

____

Nachteile: ____

____

____

3. Beschreiben Sie, was Sie im korrekten Umgang mit Kundendaten gemäß Datenschutzgesetz beachten müssen!

____

____

4. Die Auswertung von Daten ist für das „Customer-Relationship-Management“ von besonderer Bedeutung. Was versteht man unter CRM?

____

____

2-51 KUNDENBESCHWERDE (SERVICE)

Sie sind als Mitarbeiter bzw. Mitarbeiterin im Kundenservice tätig und erhalten folgende E-Mail:

Email vom 15.05...

Guten Tag,

hiermit möchte ich mich über einen Mitarbeiter von Ihnen beschweren!

Mein Mann und ich waren gestern in Ihrer Lebensmittelabteilung einkaufen und kamen dann an die Kasse. Dort lernten wir den unfreundlichsten Kassierer kennen, der uns jemals begegnet ist. Sein Name ist Herr Kleinschmitt. Er hielt es nicht mal für nötig, uns freundlich zu begrüßen bzw. am Ende zu verabschieden. Als wir unsere Ware bezahlten und unser Wechselgeld zurückbekamen, fragten wir höflich nach dem Kassenbon. Daraufhin riss Herr Kleinschmitt den Bon völlig genervt ab und drückte ihn uns mit den Worten in die Hand:

„Ich kann schließlich nicht hexen ... bloß immer mit der Ruhe!"

Sollte dieser Mitarbeiter weiterhin so unfreundlich sein, werden wir diese Abteilung nicht mehr aufsuchen!

Gruß

Sabine Mohr

Aufgabe:

1. Unterbreiten Sie drei Vorschläge, wie Sie dem Kunden gegenüber angemessen reagieren können!

2. Erläutern Sie zwei denkbare betriebliche Möglichkeiten, um solche Beschwerden künftig zu vermeiden!

3. Mithilfe eines Fragebogens möchten Sie Informationen über die Zufriedenheit Ihrer Kunden erhalten. Formulieren Sie für diesen Fragebogen drei Fragen!

4. Nennen Sie vier Maßnahmen, die die Kundenbindung erhöhen!

2-52 MARKETING-MIX/PUBLIC RELATION/E-COMMERCE

Als Mitarbeiter/-in der Warenhaus Huber GmbH arbeiten Sie derzeitig im Marketing Bereich.
In der Süddeutschen Zeitung finden Sie folgenden Pressebericht, über den Sie im Team diskutieren:

Nur wenige Warenhäuser werden überleben

Warenhäuser haben es inzwischen schwer dem harten Konkurrenzdruck noch standzuhalten. Wo vor einigen Jahren noch mehr als 4 Prozent des deutschen Einzelhandelsumsatzes auf Warenhäuser entfielen, so sind es heute nur noch 3,3 Prozent. In den 1970er-Jahren waren es sogar noch 14 Prozent. Experten rechnen, dass in den nächsten Jahren nur noch ein Warenhaus überleben wird.

Aufgabe:

1. Nennen Sie vier Voraussetzungen, die notwendig sind, damit das Warenhaus auf dem starken Wettbewerbsmarkt bestehen kann!

2. In der Textilabteilung des Warenhauses Huber soll im Rahmen des Marketing-Mix ein Konzept entwickelt werden. Unterbreiten Sie zu jedem Marketing Instrument einen Vorschlag und begründen Sie Ihre Entscheidung!

MARKETING-INSTRUMENT	VORSCHLAG	BEGRÜNDUNG
Sortimentspolitik		
Preispolitik		

3. Das Warenhaus Huber führte letzten Monat eine Kundenbefragung zur Servicequalität durch und bittet Sie aus den Ergebnissen die Durchschnittsnote zu berechnen!

NOTE	1	2	3	4	5	6
Antwort	231	475	825	389	56	2

4. Aufgrund des Ergebnisses der Kundenbefragung möchte das Warenhaus Huber die Servicequalität verbessern. Unterbreiten Sie hierzu drei Vorschläge!

____

____

____

5. Neben zahlreichen Werbeaktionen sollen auch Public-Relations-Maßnahmen durchgeführt werden. Nennen Sie drei Beispiele!

____

____

____

6. Ferner überlegt das Warenhaus Huber Waren ihren Kunden zusätzlich auch über das Internet zu verkaufen. Nennen Sie zwei Vorteile und zwei Nachteile von E-Commerce aus Sicht der Warenhaus Huber GmbH!

Vorteile: ____

____

Nachteile: ____

____

7. Nennen Sie drei Informationen, die den Kunden vor Abgabe der Online-Bestellung unbedingt mitgeteilt werden können!

____

____

____

8. Berechnen Sie anhand der folgenden Grafik den prozentualen Anteil der Online-Shops am deutschen E-Commerce Handel!

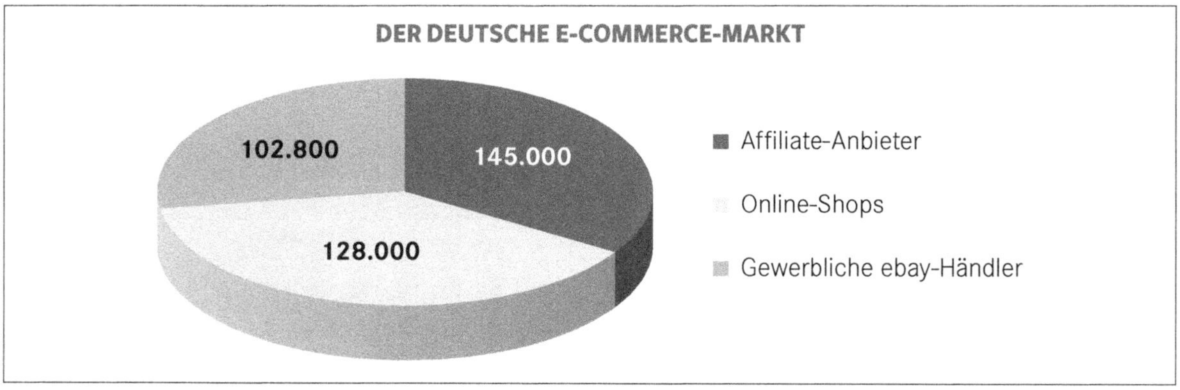

2-53 E-COMMERCE/M-COMMERCE

Neben dem direkten Verkauf der Waren möchte die Warenhaus Huber GmbH den Vertrieb künftig auch über den *„E-Commerce"* bzw. *„M-Commerce"* Handel organisieren.

Foto: Tim Reckmann/pixelio.de

Aufgabe:

1. Erklären Sie den Begriff *„E-Commerce"* und *„M-Commerce"*!

____

____

____

2. Nennen Sie jeweils zwei Vorteile des Online-Handels für den Kunden und für Ihr Unternehmen!

Vorteile (Kunden): ____

____

Vorteile (Unternehmen): ____

____

3. Für den Online-Handel schlagen Sie die Internetadresse *„warenhaus-huber.de"* vor.
Nennen Sie zwei Argumente, die dafür sprechen könnten!

____

____

4. Der Online-Handel soll in Kürze an den Start gehen. Welche Maßnahmen könnten erfolgreich sein?
Nennen Sie hierzu zwei!

____

____

5. Nennen Sie zwei mögliche Risiken des Online-Handels für das Warenhaus Huber!

____

____

2-54 SORTIMENTSANPASSUNG IM ONLINE-SHOP

Das Warenhaus Huber plant die Anpassung des Sortiments im Online-Shop, da der Umsatz hinter den Erwartungen zurückliegt.

Aufgabe:

1. Nennen Sie mögliche Vorteile und Nachteile des Onlinehandels für das Warenhaus Huber!

Vorteile: ______________________________

____

Nachteile: ______________________________

____

2. Das bisherige Kaufhalten im Onlinehandel hat sich in den Jahren 2016 und 2017 wie folgt entwickelt:

WARENGRUPPE	UMSATZ 2016	UMSATZ 2017	STEIGERUNG IN PROZENT
Textilien	4,2 Mrd. Euro	5,4 Mrd. Euro	
Multimedia	2,8 Mrd. Euro	3,4 Mrd. Euro	
Spielwaren	3,5 Mrd. Euro	4,6 Mrd. Euro	

3. Eine Marktuntersuchung hat herausgefunden, dass die prozentuale Steigerung in der Warengruppe „Multimedia" des Warenhauses Huber unter dem bundesdeutschen Durchschnitt liegt.
Nennen Sie Gründe hierfür!

____

____

____

4. Im Rahmen der Primärforschung hat sich ergeben, dass vorrangig 20- bis 35-Jährige über den Onlinehandel Waren einkaufen. Unterbreiten Sie Vorschläge, wie das Warenhaus Huber die anderen Alterszielgruppen ansprechen könnte, um den Umsatz im Online-Shop steigern zu können!

____

____

3
AUFGABEN DES CONTROLLINGS

3 AUFGABEN DES CONTROLLINGS

3-01 BETRIEBLICHE KENNZIFFERN

Dem Warenhaus Huber liegen folgende Zahlen aus dem Jahresabschluss vor:

- Eigenkapital: 2.550.000,00 €
- Fremdkapital: 840.000,00 €
- Reingewinn: 620.000,00 €

- Verkäuferzahl: 95
- Mitarbeiter-Stunden: 90.070 Std.
- Mitarbeiter-Zahl: 120

- Umsatzerlöse: 9.400.000,00 €
- Betriebliche Aufwendungen: 7.270.000,00 €
- Fremdkapitalzinsen: 22.000,00 €

- Geschäftsfläche: 4.800 m^2
- Kunden-Anzahl: 26.879
- Verkaufsfläche: 4.500 m^2

Aufgabe:

1. a) Was versteht man unter „Rentabilität“?

b) Ermitteln Sie ...

ba) die Eigenkapitalrentabilität:

bb) die Unternehmungsrentabilität:

bc) die Umsatzrentabilität:

2. Ermitteln Sie mithilfe der Zahlenwerte im Situationsfall die „Wirtschaftlichkeit“!

3. a) Was bezeichnet man als „Produktivität“?

b) Berechnen Sie ...

ba) die Personalproduktivität:

bb) die Verkäuferproduktivität:

bc) die Flächenproduktivität:

bd) die Verkaufsraumproduktivität:

be) die Kundenproduktivität:

3-02 LAGERKENNZIFFERN

Im Warenwirtschaftssystem finden Sie über einen Artikel folgende Informationen:

- Mindestbestand: 20 Stück
- Lieferzeit: 3 Tage
- Warenbestand lt. Inventur: 40 Stück
  - 1. Quartal: 10 Stück
  - 2. Quartal: 30 Stück
  - 3. Quartal: 20 Stück
  - 4. Quartal: 50 Stück

- Jahreszinssatz: 8 %
- täglicher Absatz: 5 Stück
- Wareneinsatz: 300,00 €

Aufgabe:

1. Warum gibt es im Geschäft stets ein „Lagerrisiko"?

2. a) Was versteht man unter der „Lagerumschlagshäufigkeit"?

b) Welche Auswirkung hat eine zu „hohe" Umschlagshäufigkeit auf die Lagerkosten, Lagerdauer und den Verkaufserfolg (Umsatz/ Absatz)? Vervollständigen Sie hierzu folgenden Satz: „Je höher die Umschlagshäufigkeit, desto ..."

3. Im Lager vergessen Sie einen Warenabgang über 50 Heizgeräte in die Lagerdatei einzutragen. Welche Auswirkung hat dieser Fehler?

4. Berechnen Sie mithilfe der Angaben im Situationsfall ...

a) den Meldebestand

b) den durchschnittlichen Lagerbestand

c) die Umschlagshäufigkeit

d) die Lagerdauer

e) den Lagerzinssatz

f) die Lagerkosten

3-03 UMSATZKENNZIFFERN

Als Mitarbeiter der Warenhaus Huber GmbH sollen Sie sollen Sie an den Quartalsauswertungen mitwirken. Aus dem Rechnungswesen erhalten Sie folgende Daten für das 2. Quartal:

- Gesamtfläche: 8.000 m^2
- Planumsatz im 2. Quartal: 3.460.000,00 €
- Ist-Umsatz im 2. Quartal: 3.680.000,00 €
- Kundenzahl: 75000
- Umsatz Textilwaren: 2.140.000,00 €
- Umsatz Lebensmittel: 470.000,00 €
- Umsatz Unterh.-Elektronik: 610.000,00 €
- Umsatz Spielwaren: 250.000,00 €
- Umsatz Haushaltswaren: 210.000,00 €

1. Berechnen Sie die Umsatzabweichung in Prozent vom Planumsatz für das 2. Quartal!

2. Ermitteln Sie anhand weiterer Daten die umsatzbezogenen Kennzahlen für das 2. Quartal!

UMSATZANTEILE	DATEN VORJAHR	1. QUARTAL	2. QUARTAL
Lebensmittel	11,8 %	11,5 %	11,2 %
Unterhaltungselektronik	18,2 %	17,8 %	19,4 %
Spielwaren	5,9 %	5,7 %	
Haushaltswaren	4,4 %	3,9 %	4,2 %
Textil	63,4 %	62,8 %	
Umsatz pro m^2	458,30 €	452,60 €	
Durchschnittlicher Einkauf je Kunde	52,64 €	50,40 €	

a) Ermitteln Sie die Umsatzanteile der Abteilungen „Spielwaren“ und „Textil“ in Prozent!

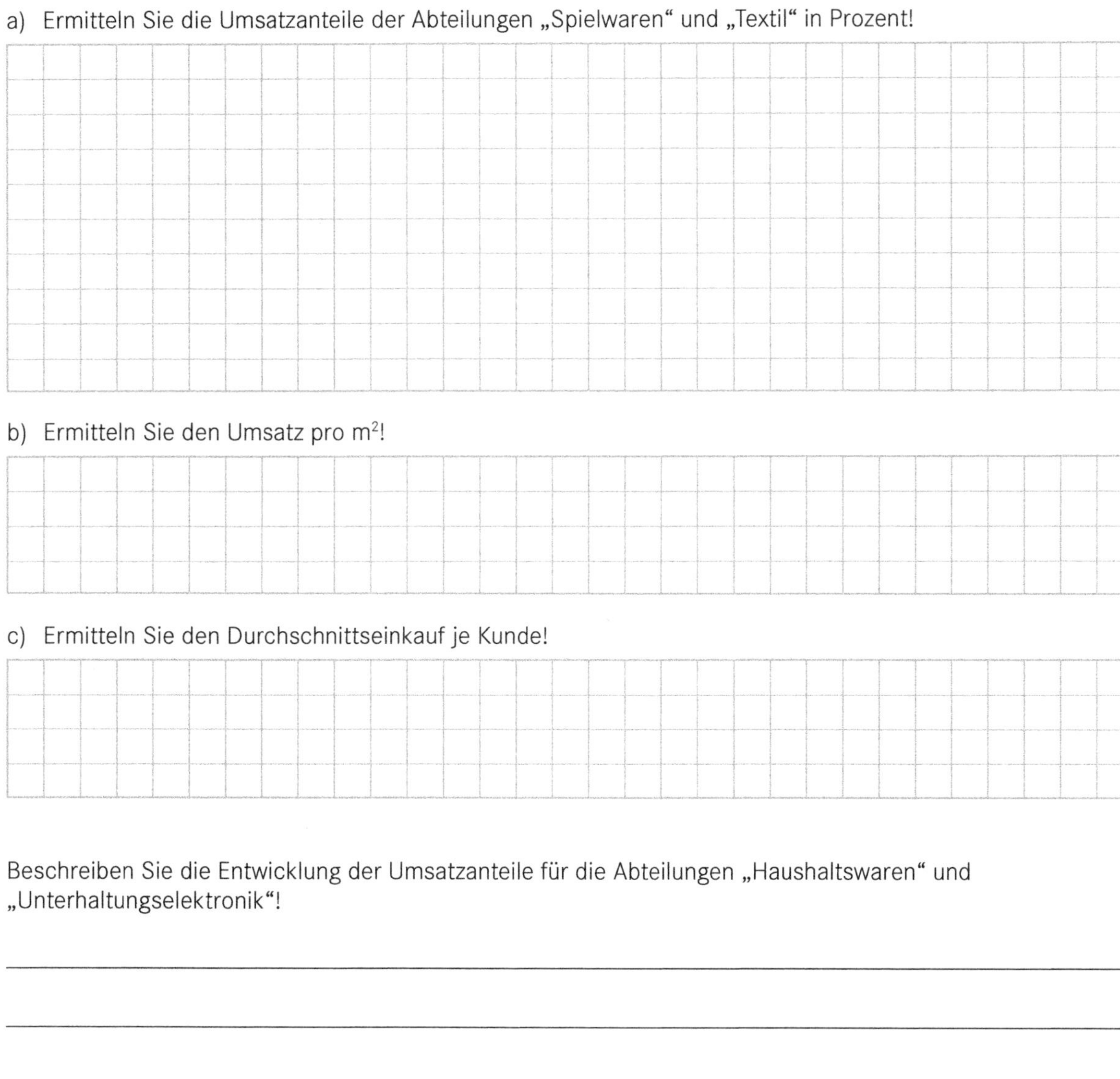

b) Ermitteln Sie den Umsatz pro m^2!

c) Ermitteln Sie den Durchschnittseinkauf je Kunde!

3. Beschreiben Sie die Entwicklung der Umsatzanteile für die Abteilungen „Haushaltswaren“ und „Unterhaltungselektronik“!

4
QUALITÄTSSICHERNDE MASSNAHMEN; NACHHALTIGKEIT

4 QUALITÄTSSICHERNDE MASSNAHMEN; NACHHALTIGKEIT

4-01 INVENTUR

Da die Geschäftsleitung des Warenhauses Huber bei der Auswertung der letzten Inventur erhebliche Abweichungen zwischen dem Soll- und Ist-Bestand feststellte, sollen Sie bei der nächsten Inventur nun die Leitung und Verantwortung übernehmen.

Aufgabe:

1. Was ist eine Inventur?

____

____

2. Warum führt das Warenhaus Kern überhaupt eine Inventur durch, obwohl es doch über ein gut funktionierendes Warenwirtschaftssystem verfügt? Nennen Sie bitte zwei Gründe!

____

____

____

____

3. Welche Aufgaben bzw. Ziele hat die Durchführung einer Inventur?

____

____

____

____

____

____

____

____

____

4. Nennen und beschreiben Sie vier Inventurarten!

1. ____________________:

____

____

____

2. ______________________:

____

____

____

3. ______________________:

____

____

____

4. ______________________:

____

____

____

5. Wie oft muss in einem Geschäftsjahr eine Inventur durchgeführt werden und in welchem Gesetz sind die Regelungen zur Inventur verankert?

____

____

____

6. Sie sollen die Inventur planen. Was müssen Sie hierfür alles organisieren (6 Schritte)?

____

____

____

____

____

____

7. Unterbreiten Sie der Geschäftsführung Vorschläge zur Verbesserung der Inventurergebnisse!

____

____

____

____

____

8. Welchen Vorteil hat die Erfassung mit einem MDE-Gerät?

4-02 LAGERHALTUNGSKOSTEN

Im Warenhaus Huber stoßen Sie auf folgenden Auszug aus einer Lagerdatei vom 10. Mai 2008:

ARTIKEL	EINSTANDS-PREIS PRO STÜCK	JAHRES-ABSATZ 2007	Ø LAGER-BESTAND 2007	BESTELL-MENGE	BESTAND AM 10. MAI 2008	Ø TAGES-ABSATZ	Ø LIEFERZEIT
	€	STÜCK	STÜCK	STÜCK	STÜCK	STÜCK	TAGE
DVD-Rohlinge	10,90	16.400	1.620	890	240	64	5
Anschlusskabel	5,80	5.300	680	1.000	950	42	7
PC-MM 4050	684,00	1.200	210	40	132	3	12

1. Nennen Sie drei wesentliche Aufgaben der Lagerhaltung!

2. Welchen in der Lagerdatei geführten Artikel müssten Sie nachbestellen? Begründen Sie Ihre Antwort!

3. Beschreiben Sie das Verlustrisiko bei einem zu kleinem bzw. zu großen Lagerbestand!

4. Welche drei Gründe könnte es geben, warum sich das Warenhaus Huber beim Anschlusskabel für eine Bestellmenge von 1.000 Stück entschieden hat!

5. Wie viele Tage wird der Lagerbestand bei den PC-MM 4050 ausreichen?

6. Ermitteln Sie den Meldebestand für den PC-MM 4050! Der Mindestbestand soll 15 Stück betragen!

7. Warum ist die Berücksichtigung des Mindestbestandes (= Eiserner Bestand) so wichtig?
Nennen Sie zwei Gründe!

8. Ziel der Lagerhaltung ist u. a. die Senkung der Lagerkosten.

a) Was versteht man unter „Kosten der Kapitalbindung“?

b) Wie könnten die Kosten der Kapitalbindung für den PC-MM 4050 gesenkt werden?
Unterbreiten Sie vier Vorschläge!

c) Wie hoch ist die Lagerumschlagshäufigkeit und die Lagerdauer für die DVD-Rohlinge (Wareneinsatz: 19.440,00 €) und die Anschlusskabel (Wareneinsatz: 5.440,00 €)?

d) Warum fallen die Umschlagshäufigkeiten für die beiden Artikel so unterschiedlich aus? Nennen Sie hierzu zwei Gründe!

e) Berechnen Sie den Lagerzinssatz bei einem Jahreszinssatz von 8 % für die DVD-Rohlinge!

f) Wie hoch sind die Lagerkosten für die DVD-Rohlinge?

4-03 SICHERSTELLUNG DER VERKAUFSFÄHIGKEIT DER WAREN

Zu einer Ihrer wichtigen Aufgabe als Mitarbeiter/ Mitarbeiterin im Warenhaus Huber gehört unter anderem die Warenpflege, damit die angebotene Ware in einem verkaufsfähigen Zustand ist und bleibt. Die Durchführung von Qualitätskontrollen sind unverzichtbar.

Aufgabe:

1. Was versteht man unter „Qualitätssicherung“ und warum ist sie so wichtig?

2. Was bedeutet das nebenstehende Zeichen?

QS. Ihr Prüfsystem für Lebensmittel.

3. Welche Produkte werden mit diesem QS-Prüfzeichen ausgezeichnet?

4. Welche Qualitätskontrollen können Sie im Einzelhandel durchführen?

5. Welche vorbeugenden Maßnahmen könnten Sie einsetzen, um den Verderb von Waren zu verringern?

6. Erläutern Sie den Unterschied zwischen einem „Haltbarkeitsdatum" und einem „Verbrauchsdatum"!

7. Wo finden Sie Informationen zur Qualitätskontrolle?

4-04 NACHHALTIGKEIT

Das Warenhaus Huber legt seit einigen Jahren besonderen Wert auf Nachhaltigkeit in verschiedensten Bereichen des Unternehmens. Sie als Verkaufskraft sollen Ihr Unternehmen in der Umsetzung unterstützen.

Aufgabe:

1. Was bedeutet Nachhaltigkeit?

____

____

2. Welche Bereiche des Unternehmens werden von der Nachhaltigkeit berührt?

____

____

3. Das Warenhaus Huber stellt verschiedene Anforderungen wie Qualität, Sicherheit, sowie soziale und umweltbezogene Unbedenklichkeit an die Produktbeschaffung. Formulieren Sie Ziele bzw. Beispiele für nachhaltiges Verhalten für die folgenden Aspekte:

Herstellung von Baumwolle und Holz:	
Bio und fair:	
Soziale Verantwortung:	
Ökologische Verantwortung:	
Verkaufs- und Lagerflächen:	
Logistik:	
Konsum:	

4. Welches nachhaltige ökologische Ziel verfolgt das folgende Zeichen?

____

____

1 ORGANISATION, LEISTUNGEN UND AUFGABEN; OPTIMIERUNGSMÖGLICHKEITEN AN DEN SCHNITTSTELLEN

1-01 AUFGABEN UND LEISTUNGEN DES AUSBILDUNGSBETRIEBES

1. - ... diese Behauptung lässt sich nachvollziehen, da sich auf jeder Wirtschaftsstufe der Warenpreis aufgrund der jeweiligen Einbeziehung von Kosten und Gewinn erhöht.
- ... in der Praxis jedoch können Kunden einige Artikel im Einzelhandel z. T. zu einem niedrigeren Preis erhalten als beim Hersteller oder Großhändler direkt, da der zunehmende Konkurrenzdruck den Händler zu einer Senkung des Warenpreises „zwingt" bzw. Mengenrabatte an den Kunden weitergegeben werden.

2. 1. Raumüberbrückung: Die räumliche Entfernung zwischen Anbietern und Verbrauchern wird überbrückt. Der Einzelhandel ermöglicht entfernten Herstellern, ihre Waren in der Nähe der Verbraucher anzubieten.

2. Sortimentierung: Aus den vielfältigen Angeboten zahlreicher Hersteller und Großhändler stellen die Einzelhändler jeweils eine Warenauswahl zusammen, die sich am Kundenbedarf orientiert.

3. Zeitüberbrückung: Herstellung und Verbrauch stimmen zeitlich nicht überein oder erfolgen ungleichmäßig. Durch den Vorrat an Waren sichert der Einzelhandel sich seine Verkaufsbereitschaft und Kundenzufriedenheit.

4. Markterschließung: Die Hersteller erhalten über den Handel Informationen über die Wünsche und Vorstellungen der Verbraucher. Sie können dadurch ihre Produkte verbrauchergerecht gestalten und auf die Nachfrage bzw. Bedarfsänderungen schnell reagieren.

1-02 FIRMIERUNG UND KAUFMANNSEIGENSCHAFTEN

1. Die Firma ist der im Handelsregister eingetragene Name, unter dem ein Kaufmann sein Handelsgewerbe betreibt und nach außen auftritt.

2. Beispiel 1: Firmenausschließlichkeit / Firmenklarheit: Jede neue Firma muss sich von allen z. B. an demselben Ort bereits bestehenden Firmen usw. deutlich unterscheiden.

Beispiel 2: Firmenwahrheit: Die Firma darf keine Angaben enthalten, die irreführen. Ein Verbrauchermarkt muss mindestens eine Verkaufsfläche von 1500 m² besitzen.

Beispiel 3: Firmenöffentlichkeit: Jeder Kaufmann muss seine Firma und den Ort seiner Handelsniederlassung bei dem Gericht in dessen Bezirk zur Eintragung ins Handelsregister anmelden.

3. a) Firmenkern und Firmenzusatz

b) Gemischte Firma, bestehend aus einem Personennamen (Huber) und einem Gegenstand (Warenhaus)

4. Ja, wenn jemand ein unter Lebenden erworbenes Handelsgeschäft unter der bisherigen Firma mit oder ohne Beifügung eines das Nachfolgeverhältnis andeutenden Zusatzes fortführt, haftet er für alle im Betrieb des Geschäftes begründeten Verbindlichkeiten des früheren Inhabers. (Firmengrundsatz der Firmenbeständigkeit)

5. a) Kaufmann laut HGB ist, wer ein Gewerbetreibender mit Organisation ist.

b) Freiberufler wie z. B. Architekten, Künstler, Ärzte, Steuerberater, Land- und Forstwirte

c) Ein **Istkaufmann** betreibt ein Handelsgewerbe, das einen in kaufmännischer Weise eingerichteten Geschäftsbetrieb erfordert; die Eintragung ins Handelsregister ist verpflichtend.

Ein **Kannkaufmann** ist ein Kleingewerbetreibender, der keinen in kaufmännischer Weise eingerichteten Geschäftsbetrieb erfordert; die Eintragung ins Handelsregister ist freiwillig.

1-03 UNTERNEHMENSGRÜNDUNG – HANDELSREGISTER – RECHTSFORMEN

1. persönliche Voraussetzungen: Warenkenntnisse, Verkaufserfahrungen, Kaufmännisches Wissen, Menschenkenntnis, Risikobereitschaft, Führungsqualitäten ...

sachliche Voraussetzungen: geeigneter Standort, qualifiziertes Personal, Kapital für eine gesicherte Finanzierung, leistungsfähige Lieferanten, Marktchancen ...

rechtliche Voraussetzungen: Geschäftsfähigkeit, Anmeldung bei Behörden, Finanzamt, Berufsgenossenschaft, IHK, Krankenkasse, Handelsregister, Gewerbeschein ...

2. a) in das Verzeichnis aller Kaufleute beim Amtsgericht

b) Herr Müller haftet als Inhaber des Unternehmens unbeschränkt

c) Müller darf unter dem bisherigen Firmennamen nicht mehr länger tätig sein.

d) Die Einsicht ins Handelsregister ist jedem gestattet.

e) Sebastians Freund hat das Recht, Ware auf eigene Rechnung zu verkaufen.

f) Die Warenhaus Huber GmbH ist in der Abteilung B des Handelsregisters geführt, da das Warenhaus eine Kapitalgesellschaft ist und diese dort geführt werden; das Einzelhandelsgeschäft von Sebastian wird in der Abteilung A geführt, da er eine Einzelunternehmung gegründet hat und diese dort geführt wird.

g) Firma, Gegenstand des Unternehmens, Geschäftsinhaber, evtl. Prokura, Rechtsverhältnisse

h) Handlungsbevollmächtigte von Firmen werden nicht ins Handelsregister eingetragen.

3. a) 1. Einzelunternehmung: Gründung und Leitung durch eine Person, keine Vorschriften hinsichtlich des Mindestkapitals.

2. KG: Gründung durch mindestens 2 Gesellschafter (Kommanditist und Komplementär) laut Gesellschaftsvertrag, keine Vorschriften hinsichtlich des Mindestkapitals.

3. GmbH: Gründung durch mindestens eine Person, Eintrag ins Handelsregister und Leistung eines Mindestkapitals von 25.000,00 €, wobei die Gesellschafter eine Stammeinlage von 100,00 € (Geld- Sacheinlage) zahlen müssen.

b) bei der Einzelunternehmung alleinige Geschäftsführung und Vertretung, bei der GmbH durch den oder die Geschäftsführer gemeinsam; bei der KG erfolgt die Geschäftsführung und Vertretung durch den Komplementär, die Kommanditisten sind ausgeschlossen und übernehmen nur ein Kontroll- und Mitspracherecht.

c) beide Unternehmensformen sind eine Personengesellschaft.

d) Der Inhaber haftet unbeschränkt mit dem Betriebs- und Privatvermögen, Gewinn oder Verlust entfallen ganz allein auf ihn.

e) bei der KG haften die Komplementäre unbeschränkt, die Kommanditisten in Höhe ihrer Einlage; bei der GmbH haften die Geschäftsführer nur beschränkt mit ihrem Stammkapital.

Bei der KG erfolgt die Gewinnverteilung in Höhe von 4 % auf die Kapitaleinlage, der Rest im angemessenen Verhältnis; bei Verlust im angemessenen Verhältnis. Bei der GmbH erfolgt die Verteilung im Verhältnis der Geschäftsanteile.

f) Ein Wechsel zur GmbH ist aufgrund der Haftung sinnvoll, aber die Kreditwürdigkeit sinkt.

4.

Personen	Kap.-einlagen	4% je Einlage	Gewinnanteil
W. Bergmann	120.000,00	4.800,00	
J. Bergmann	90.000,00	3.600,00	16.482,64
S. Groll	20.000,00	800,00	
M. Groll	12.000,00	480,00	
	242.000,00	9.680,00	44.320,00

Der zu verteilende Gewinn: 54.000 - 9.680 = 44.320 € Rest
Rest-Gewinnanteil für J. Bergmann: 44.320 x 90.000 : 242.000 = 16.482,64 €
Gewinnanteil für J. Bergmann: 16.482,64 + 3.600,00 = 20.082,64 €

1-04 UNTERNEHMENSGRÜNDUNG (UG)

1. Komplementär: mit dem Privat- und Geschäftsvermögen oder dem kompletten Vermögen.

Kommanditist: nur mit der Kapitaleinlage

2. der Komplementär bzw. Klaus Siebert

3. Die Unternehmensbezeichnung ist unzulässig, da der Zusatz (KG) fehlt.

4. 680.000 - 420.000 - 340.000 = 20.000,00 €

5.

	KAPITALEINLAGE	VORWEG-VERTEILUNG (JÄHRLICH)	4 % VERZINSUNG	RESTGEWINN
Klaus Siebert	134.000,00 €	36.000,00 €	5.360,00 €	5.421,61 €
Peter Grunewald	40.000,00 €	0,00 €	1.600,00 €	1.618,39 €
Gesamt	174.000,00 €	36.000,00 €	6.960,00 €	7.040,00 €

1-05 UNTERNEHMENSGRÜNDUNG (UG)

1. Name des Geschäftsführers, Geschäftssitz, Rechtsform des Unternehmens usw.

2. Ja, es ist zulässig, da es sich um eine Fantasiefirma handelt. Die Rechtsform muss ersichtlich sein.

3. Ein möglicher Eintrag wäre der Handel mit Kinderschuhen usw.

4. Firmenwahrheit: Die Firma muss zur Kennzeichnung des Kaufmanns geeignet sein und darf nicht irreführend sein (über die Verhältnisse des Geschäftsinhabers).

Firmenausschließlichkeit: Die Firma muss sich von umliegenden Mitbewerbern am Ort unterscheiden, um Verwechselungen auszuschließen.

1-06 KAPITALBESCHAFFUNG I

1. - Eigenfinanzierung: Bei der Eigenfinanzierung bringen die Eigentümer eigene Mittel in das Unternehmen ein (Bereitstellung von Eigenkapital).

- Selbstfinanzierung: Teile des Gewinns werden nicht entnommen oder ausgeschüttet, sondern in neue Projekte investiert. Durch die Selbstfinanzierung erhöht sich ebenfalls die Eigenkapitalbasis des Unternehmens.

(- Fremdfinanzierung: Aufnahme eines Darlehens in Form eines Bankkredites ...)

2. a) + längerfristige Kreditsicherung
+ vergleichsweise geringe Höhe des Zinssatzes

b) + Kapitalgeber erwirbt Eigentum am Unternehmen
+ durch Erhöhung des Haftungskapitals steigt die Kreditwürdigkeit
+ Eigenkapital steht zeitlich unbefristet zur Verfügung

c) + beschränktes Risiko durch Haftung mit ihrem Anteil

d) + personelle Sicherung
+ Lieferung nur unter Eigentumsvorbehalt
+ verlängertes Zahlungsziel

3. ... über einen Darlehenskredit hat das Warenhaus Huber eine Bank, wobei die Auszahlung in einem Betrag oder in Teilbeträgen und die Rückzahlung in einer Summe oder in Teilbeträgen nach einem Tilgungsplan erfolgen kann. Hierbei gibt es auch kurz- und mittelfristige Kredite, die dem Kaufmann aufgrund der Zinsbelastung sehr entgegenkommen kann.

4. a) $\frac{50.000 \times 6{,}5 \times 2}{100 \times 1} = \underline{6.500{,}00\ €}$; 50.000,00 € + 6.500,00 € = $\underline{56.500{,}00\ €}$

b) 42.000,00 x 3 : 100 = 1.260,00 € Skonto; 42.000,00 € - 1.260,00 € = $\underline{40.740{,}00\ €}$

5. Aufnahme eines kurzfristigen Kredites; für die Ausschöpfung eines Skontos wäre es rentabel, einen Überziehungskredit in Anspruch zu nehmen; denkbar wäre auch ein Kommissionskauf.

6. = ein Überziehungskredit (Dispokredit) bis zu einem bestimmten Höchstbetrag (Kreditlimit) von der Hausbank des Einzelhändlers; da die Zinsen gegenüber einem Darlehenskredit sehr hoch sind, sollte dieser Kredit nur kurzfristig verwendet werden.

1-07 KAPITALBESCHAFFUNG II

KREDITANGEBOT DER HAUSBANK				
JAHR	KREDITBETRAG ZU JAHRESBEGINN	JÄHRLICHE TILGUNG	ZINSEN (9 % P.A.)	BELASTUNG PRO JAHR
1	48.000,00 €	9.600,00 €	4.320,00 €	13.920,00 €
2	38.400,00 €	9.600,00 €	3.456,00 €	13.056,00 €
3	28.800,00 €	9.600,00 €	2.592,00 €	12.192,00 €
4	19.200,00 €	9.600,00 €	1.728,00 €	11.328,00 €
5	9.600,00 €	9.600,00 €	864,00 €	10.464,00 €
		48.000,00 €	12.960,00 €	60.960,00 €

LEASINGANGEBOT DER LEASING SYSTEM GmbH		
Abschlussgebühr:	6 % des Anschaffungswertes, fällig mit der 1. Leasingrate	2.880,00 €
Leasingrate pro Jahr:	25 % des Kaufpreises, zahlbar jeweils am Jahresende	9.600,00 x 5 = 48.000,00 €
Summe:		50.880,00 €

1-08 KAPITALBESCHAFFUNG III

1.

KREDITBANK MAXI				
JAHR	DARLEHEN ZU BEGINN DES JAHRES	ZINSEN 4,8 %	TILGUNG AM ENDE DES JAHRES	RESTSCHULD AM ENDE DES JAHRES
1. Jahr	60.000,00 €	2.880,00 €	12.000,00 €	48.000,00 €
2. Jahr	48.000,00 €	2.304,00 €	12.000,00 €	36.000,00 €
3. Jahr	36.000,00 €	1.728,00 €	12.000,00 €	24.000,00 €
4. Jahr	24.000,00 €	1.152,00 €	12.000,00 €	12.000,00 €
5. Jahr	**12.000,00 €**	**576,00 €**	**12.000,00 €**	**0,00 €**
		8.640,00 €		

GUTFINANZIERUNGSBANK				
JAHR	DARLEHEN ZU BEGINN DES JAHRES	ZINSEN 4,75 %	TILGUNG AM ENDE DES JAHRES	RESTSCHULD AM ENDE DES JAHRES
1. Jahr	60.000,00 €	**2.850,00 €**		60.000,00 €
2. Jahr	60.000,00 €	**2.850,00 €**		60.000,00 €
3. Jahr	60.000,00 €	**2.850,00 €**		60.000,00 €
4. Jahr	60.000,00 €	**2.850,00 €**		60.000,00 €
5. Jahr	60.000,00 €	**2.850,00 €**	**60.000,00 €**	**0,00 €**
		14.250,00 €		

2. Jährliche Abzahlung, günstigere Kreditkosten, niedrigere Zinsen, langjährige Geschäftsbeziehung usw.

1-09 KONTOKORRENTKREDIT

1. 5.719,14 - 171,57 (3 % Skonto) = 5.547,57 €

2. $\frac{5.547,75 \times 9 \times 20}{100 \times 360}$ = 24,74 €

3. 171,57 - 27,74 = 143,83 € (Bruttoersparnis)

1-10 LEASING

1. (515,57 x 36) + 6.000,00 € = 24.560,52 €

2. Leasing heißt übersetzt „mieten, pachten“ und stellt gewissermaßen einen Nutzungsüberlassungsvertrag bzw. einen atypischen Mietvertrag dar, bei dem das Leasingobjekt vom Leasinggeber beschafft und finan-ziert wird und dem Leasingnehmer gegen Zahlung eines vereinbarten Leasingentgelts zur Nutzung überlassen wird.

3. Höhe der Anzahlung, Vertragslaufzeit und Höhe der monatlichen Leasingraten

4. Vorteile:
+ Geringe Liquiditätsbelastung bei Anschaffung
+ Leasingraten mindern die Steuerlast
+ Investitionsrisiko ist gering
+ steuerliche Berücksichtigung der Leasingraten als Aufwand
+ Erhalt eines neuen Fahrzeuges im 3-Jahres-Rythmus
+ Totalschaden ist abgesichert über Vollkasko
+ usw.

Nachteile:
- hohe Kosten aufgrund der Leasingraten
- Gefahr von Liquiditätsengpässen
- kein Eigentum an Leasingobjekten
- Feste Vertragslaufzeit
- Aufkommen für Schäden am Fahrzeug am Ende der Laufzeit
- usw.

1-11 UNTERNEHMUNGSKRISEN

1. innerbetrieblich: hohe Kosten, demotivierte Mitarbeiter, nicht bedarfsgerechtes Sortiment, Umsatzrückgang, hohe Zinsauslastung, Managementfehler usw.

außerbetrieblich: Trend zum Onlinekauf, neuer Konkurrent im Umfeld, schlechter gewordene Wirtschaftslage, Baustelle in der Umgebung usw.

2. Sanierung: Unter Sanierung versteht man alle organisatorischen, personellen und finanziellen Maßnahmen, um eine Gesundung des in Not geratenen Unternehmens herbei zu führen.

Vergleich: Ein Vergleich ist eine Vereinbarung zwischen Schuldner und Gläubiger, um wirtschaftliche Schwierigkeiten zu überwinden und das Insolvenzverfahren abzuwenden. Die Verhandlungen werden meist ohne Einwirkung von Gerichten geführt.

Insolvenzverfahren: Ziel des Insolvenzverfahrens ist es, die Gläubiger zu befriedigen, indem Vermögen des Schuldners verwertet und der Erlös verteilt oder in einem Insolvenzplan Regelungen zur Sanierung des Unternehmens getroffen werden. Es ist eine gerichtliche Maßnahme.

Liquidation: Liquidation ist der Verkauf aller Vermögensgegenstände eines Unternehmens mit dem Ziel, das darin gebundene Kapital in Bargeld oder andere leicht in Bargeld umtauschbare „liquide“ Mittel umzuwandeln. Ziel ist die Auflösung der Gesellschaft.

3. personell: teilweise Lohnverzicht, Kündigungen oder Vorruhestand ...

organisatorisch: Rationalisierung in Einkauf und Logistik durch ein WWS-System, Minimierung des Personaleinsatzes oder Anordnung von Überstunden ...

finanziell: Eigenkapitalerhöhung, Aufnahme von Fremdkapital (Kredite), Forderungsverzicht

4. Ein Stundungsvergleich ist ein Zahlungsaufschub durch die Gläubiger, während bei einem Erlassvergleich Gläubiger auf einen Teil der Forderung verzichten.

5. Ein Insolvenzverfahren kann bei Überschuldung, bei Zahlungsunfähigkeit oder drohender Zahlungsunfähigkeit gestellt werden. Berechtigt zur Antragstellung des Insolvenzverfahrens sind der Schuldner (Eigenantrag) und der Gläubiger (Fremdantrag) beim Amtsgericht (Insolvenzgericht) des Hauptsitzes des Unternehmens des Schuldners.

6. Masseverbindlichkeiten sind Kosten des Insolvenzverfahrens (z. B. die Vergütung des Insolvenzverwalters)

1-12 AUFBAUORGANISATION UND VOLLMACHTEN

1. Planung und Organisation betrieblicher Entscheidungen im Einkauf, Verkauf, Lager und in der Verwaltung; Beratung und Verkauf, Personalplanung, Qualitätssicherung ...

2. ... diejenigen Mitarbeiter, die für bestimmte Aufgaben / Abteilungen ... zuständig sind.

3. ... durch die Bildung von Abteilungen und die Festlegung der Zuständigkeiten / Befugnissen (hierarchischer Aufbau).

4. ... der Mitarbeiter mit der entsprechenden Befugnis und Kompetenz.

5. a) Textil - Lebensmittel - Foto - ...

b) Einkauf - Verkauf - Lager - Verwaltung

6. a) Frau Brendel hat die Artvollmacht für das Verkaufen von Waren; Herr Huber als Geschäftsführer, ein Prokurist oder ein allgemein Bevollmächtigter dürfen ihr diese Vollmacht erteilen (der Azubi Herr Müller wird ebenfalls diese Vollmacht besitzen).

b) Frau Gerber hat die Allgemeine Handlungsvollmacht. Sie darf alle gewöhnlichen Geschäfte der Branche erledigen. Eine Sondervollmacht benötigt sie für die Aufnahme von Darlehen, oder den Kauf von Grundstücken ...

c) Der Azubi Herr Müller besitzt die Einzelvollmacht. Diese darf ihm der Inhaber, ein Prokurist, ein allgemein Handlungsbevollmächtigter und Artbevollmächtigter erteilen.

d) Der Inhaber, Herr Huber, als Kaufmann im Sinne des HGBs. Er darf alle gewöhnlichen und außergewöhnlichen Geschäfte verrichten (z. B. Käufe, Verkäufe, Einstellungen und Entlassungen, Grundstücke kaufen, Prozesse führen ...).

e) Herr Engl darf nicht das Geschäft verkaufen, Konkurs anmelden oder Gesellschafter aufnehmen ...
Er unterschreibt mit „pp“ oder „ppa“.

f) Einzelprokura: Ein Prokurist kann allein entscheiden
Gesamtprokura: Zwei oder mehrere Prokuristen können nur zusammen entscheiden.
Filialprokura: Die Vertretungsvollmacht ist nur auf eine Filiale beschränkt.

g) Eintragung ins Handelsregister

1-13 KOOPERATIONSFORMEN

1. der Einkauf großer Warenmengen (dies führt zu Preisnachlässen (Rabatten) und erhöht die Machtstellung gegenüber den Lieferanten)

2. ... um die Marktstellung (Marktmacht) zu verbessern,
... höhere Marktanteile zu sichern,
... Umsatz und Gewinn zu steigern,
... bessere Einkaufskonditionen zu erzielen,
... Kosten zu senken aufgrund einer gemeinsamen und besseren Logistik usw.

3. a) Rack-Jobber-System: Großhändler oder Hersteller mieten Regalflächen in Einzelhandelsbetrieben und verkaufen dort ihre Waren. Der Einzelhändler erhält eine Provision, trägt aber kein Absatzrisiko.

b) Einkaufsgenossenschaft: Zusammenschluss selbstständiger Einzelhändler zu einer Genossenschaft mit dem Ziel, günstige Einkaufsbedingungen zu schaffen.

c) Freiwillige Ketten: Mehrere Großhandels- und Einzelhandelsbetriebe der gleichen Branche schließen sich zusammen. Aufgaben: z. B. gemeinsamer Einkauf, Werbung, Mitarbeiterschulung

4. Beim Kommissionsgeschäft verkauft der Einzelhändler in eigenem Namen, aber auf fremde Rechnung; der Lieferant stellt Ware zur Verfügung, die sein Eigentum bleibt. Abgerechnet wird nur, was tatsächlich verkauft wurde. Dadurch hat der Einzelhändler kein Absatzrisiko und keine Kapitalbindung.

1-14 SCHLECHTLEISTUNG I

1. Mangel in der Menge, Mangel in der Beschaffenheit, Mangel in der Qualität, Mangel in der Art.

2. Ware ungleich Werbung, mangelhafte Montageanleitung, Montagemangel

3. Neulieferung oder Nachbesserung (zusätzlich bzw. begleitend je nach Situation Schadensersatz neben Leistung)

4. Neulieferung, da ein Teil der Warensendung mengenmäßig nachgeliefert werden kann und die Nachbesserung der Fehler an der Ware zu kostenintensiv wäre.

5. - Verkäufer verweigert Nacherfüllung;
- mindestens 2 Nacherfüllungsversuche sind gescheitert;
- Nacherfüllung ist unzumutbar

6. Rückgängigmachung des Kaufvertrages, Minderung, Schadensersatz statt Leistung, Ersatz vergeblicher Aufwendungen

7. bei Neuwaren 24 Monate, bei Gebrauchtwaren kann die Gewährleistung auf 12 Monate reduziert werden.

8. Die ersten 6 Monate nach Warenkauf muss der Verkäufer beweisen, dass ihn keine Schuld trifft.
Nach den 6 Monaten geht die Beweislast auf den Käufer über, d.h. die weiteren 18 Monate muss der Käufer seine Unschuld beweisen.

9. Die Gewährleistung bzw. Sachmangelhaftung ist gesetzlich geregelt und verpflichtet den Hersteller vom Gesetz her zur Einhaltung im Rahmen der 24 Monate. Eine Garantie ist eine Serviceleistung und damit freiwillig. Sie übersteigt bzw. ergänzt die gesetzliche Gewährleistung.

10. Beim bürgerlichen Kauf handeln zwei Privatleute. Der Verkauf der Ware erfolgt ohne jegliche Gewährleistung. Der Verbrauchsgüterkauf hingegen findet zwischen einem Kaufmann / einer Kauffrau und einer privaten Person statt. Der Käufer erwirbt mit dem Kauf einer Sache auch Gewährleistungsansprüche. (siehe Aufgabe 9)

1-15 SCHLECHTLEISTUNG II

1 - Händler, die an Verbraucher verkaufen
- ganz besonders Händler, die digitale Produkte vertreiben
- Online-Shops, die an Verbraucher verkaufen
- Hersteller, die evtl. von Händlern in Regress genommen werden.

2 für Verträge, die nach dem 1.01.2022 geschlossen wurden.

3 Waren mit digitalen Inhalten (Smart-Watches, Smartphones, Tablets, E-Bikes, Navigationsgeräte, Saugroboter usw.)

4 Der Verkäufer ist verpflichtet ...
- die Funktionsfähigkeit über Updates zu erhalten;
- den Zugriff Dritter auf Daten und Funktionen durch Sicherheits-Updates zu verhindern;
- den Verbraucher über die anstehenden Updates zu informieren.

5 Die Dauer der Aktualisierungspflicht ist unbestimmt. Es kommt auf die Verbrauchererwartung an.

6 Verkäufer müssen beim Verkauf an Verbraucher (Verbauchsgüterkauf) künftig nicht - wie bisher - nur in den ersten sechs Monaten, sondern **zwölf Monate** nach Übergabe der Kaufsache **beweisen**, dass die Kaufsache mangelfrei war.

7 Werden an den Verbraucher B-Ware, Vorführgeräte, Ausstellungsstücke oder gebrauchte Ware verkauft, reicht ein Hinweis über die mindere Qualität. Zusätzlich muss im **Kaufvertrag** die Abweichung, zum Beispiel im Hinblick auf Gebrauchsspuren, ausdrücklich und gesondert vereinbart werden.

8 Käufer muss **keine Frist zur Nachbesserung** mehr setzen.

9 Die Garantieerklärung muss künftig **einfach und verständlich** abgefasst sein und dem Käufer spätestens bis zur Lieferung der Kaufsache auf einem **dauerhaften Datenträger**, z. B. in Papierform oder per E-Mail, oder PDF-Datei zur Verfügung gestellt werden.

1-16 NICHT-RECHTZEITIG-LIEFERUNG

1. Der Lieferer hat sich gegenüber dem Warenhaus Huber zur mangelfreien und termingerechten Lieferung verpflichtet. Da er seinen Pflichten nicht nachgekommen ist, ist er im Normalfall in einen Lieferungsverzug geraten. Die Voraussetzungen für den Verzug sind aber nur teilweise erfüllt, weil der Käufer aufgrund eines nicht genau festgelegten Termins beim Verkäufer nur nachgefragt hat, aber juristisch gesehen nicht ordnungsgemäß in schriftlicher Weise gemahnt hat. Der Lieferungsverzug wäre danach nicht berechtigt!!

2. bei einer **Nicht-Nachfristsetzung** kann der Käufer auf der Lieferung bestehen oder Schadensersatz und Lieferung verlangen; bei einer **Nachfristsetzung** bei Androhung der Ablehnung der Lieferung kann der Käufer vom Kaufvertrag zurücktreten und / oder Schadensersatz statt der Leistungen verlangen oder einen Anspruch auf Ersatz vergeblicher Leistungen geltend machen.

3. - dem Kunden signalisieren, sich für ihn einzusetzen;
- Kulanzleistungen anbieten bzw. zusichern

4. - Bestellungen nur mit genauer Terminzusage durch den Lieferer;
- Bestellungen möglicherweise nur bei zuverlässigen Lieferern vornehmen;
- Bestehen auf einem Fixkauf ...

1-17 NICHT-RECHTZEITIG-ZAHLUNG I

1. - Verringerung der eigenen Zahlungsfähigkeit (Liquidität)
- Liefererskonto kann wegen schlechter Liquidität nicht ausgenutzt werden.
- Zinsverluste
- Aufnahme zusätzlicher Kontokorrentkredite
- Verjährung eigener Forderungen

2. - regelmäßige Verjährungsfrist: 3 Jahre (für alle üblichen Ansprüche aus Schuldverhältnissen, Verträgen) Beginn der Frist am Ende des Jahres der Entstehung des Anspruches

- 30-jährige Verjährungsfrist (Herausgabeansprüche aus Eigentum, Familien- und erbrechtliche Ansprüche, rechtskräftige Urteile, aus Insolvenzverfahren, vollstreckbare Titel) Beginn der Frist mit Entstehung des Anspruches

3. Fälligkeitslisten bzw. Offene-Posten-Dateien im WWS

4. a) 31. Mai (24 Uhr) ; kalendermäßig bestimmter Zahlungstermin

b) zahlbar bis Mitte August; zahlbar am 20.Juli; 10 Tage nach Rechnungsdatum

5. a) durch die Mahnung des Gläubigers

b) 30 Tage nach Rechnungszugang ohne Mahnung

6. a) 1. auf verspäteter Lieferung bestehen!
2. auf Zahlung bestehen + Schadenersatz wegen Verzögerung

Der Schadenersatz umfasst:

- Verzugszinsen (lt. Gesetz)	5 % bei Verbrauchsgüterkauf
	8 % bei Handelskauf über dem Basissatz
- Mahnkosten	z. B. Porto, Gebühren, Spesen

b) 1. Rücktritt vom Vertrag (d.h. Verkäufer verzichtet auf die Zahlung und verlangt seine Ware zurück)
2. Rücktritt vom Vertrag + Schadenersatz statt Leistung

Beispiele für den Schadenersatz:
- geringerer Verkaufserlös bei Verkauf der Ware an andere Kunden
- Ersatz vergeblicher Aufwendungen (z. B. Mahnkosten)

c) 1. Rücktritt vom Vertrag + Schadenersatz (Weiterverkauf der gebrauchten Ausrüstungen zu einem geringeren Preis)
2. auf Lieferung bestehen + Schadenersatz wegen Verzögerung (Mahnkosten, Verzugszinsen)
3. Rücktritt vom Vertrag

d) Basissatz: 1,37 % Zinssatz = 5% + 1,37% = 6,37 %

Zinsformel:

$$\text{Zinsen} = \frac{\text{Kapital} \times \text{Zinssatz} \times \text{Tage}}{100 \times 360}$$

$$= \frac{20.000 \times 6{,}37 \times 35}{100 \times 360} = \underline{123{,}86\ €}$$

7. a) 5.800,00 € - 3 % (= 174,00 €) = 5.626,00 € Überweisungsbetrag

b)

Zieltage	30 Tage	20 Tage = 3 %	
- Skonto	10 Tage	360 Tage = x %	x = 360 x 3 : 20 = 54 %
Kredittage	20 Tage		(Überschlagsrechnung)

Effektivverzinsung: K = 5.800,00 €; z = 174,00 €; Tage = 20

$$\frac{174{,}00 \times 100 \times 360}{5.800 \times 20} = \underline{54\ \%}$$

c) $$\text{Zinsen} = \frac{5.626{,}00 \times 10 \times 22}{100 \times 360} = \underline{34{,}38\ €}$$

Skonto 174,00 € - Kreditzinsen 34,38 € = 139,62 € Gewinn; die Inanspruchnahme lohnt sich!

1-18 NICHT-RECHTZEITIG-ZAHLUNG II

1. Fälligkeit am 22.01.2018; Zahlungsverzug ab 23.01.2018.

2. Der Zahlungstermin ist kalendermäßig festgelegt oder der Zahlungsverzug tritt mit Ablauf des Fälligkeitstermins ein.

3. Erfüllung des Vertrages, Ersatz der Verzugskosten (Verzugszinsen, Mahnkosten), Rücktritt vom Vertrag, Rücktritt vom Vertrag und Schadensersatz.

4. Gesamtbetrag der Forderung:

- Berechnung der Zeit: 23.01. bis 10.04.2018 = 77 Tage
- Ermittlung des Zinssatzes: nach § 288 BGB = 9 %
- Zinssatz unter Berücksichtigung des Basiszinssatzes: -0,88 % + 9 % = 8,12 %
- Verzugszinsen: 899,00 € x 8,12 x 77 : 100 : 360 = 15,61 €
- Gesamtbetrag Ihrer Forderung: 899,00 € + 15,61 € + 18,50 € = 933,11 €

5. Die Firma Kunze zahlt, schweigt oder legt Widerspruch ein.

6. Zahlungsunwilligkeit, Zahlungsunfähigkeit wegen Überschuldung, Zahlungstermin wurde übersehen oder vergessen, mangelhafte Ware usw.

7. Vermeidung zusätzlicher Kreditaufnahme und eigener Zahlungsunfähigkeit, Gefährdung der eigenen Existenz, Verluste durch Verjährungen von Forderungen usw.

1-19 MAHNVERFAHREN

1. Möglicherweise handelt es sich um einen Stammkunden, den Sie nicht verprellen sollten. Ferner könnte es sich bei der Zahlungsverzögerung um ein Versehen des Kunden handeln.

2. a)

Zahlungserinnerung:	Zusendung der Rechnungskopie und höfliche Zahlungsaufforderung.
1. Mahnung:	Hinweis „Mahnung"!, höflicher Hinweis auf die Zahlungserinnerung, evtl. Überweisungsformular beifügen.
2. Mahnung:	Nachdrücklicher Hinweis auf die Fälligkeit der Zahlung, Nachfrist setzen und auf zusätzlich entstehende Kosten (Postnachnahme, Inkassoinstitut ...) hinweisen.
3. Mahnung:	Zahlungsaufforderung in schärferer Form und letzte Fristsetzung unter Androhung gerichtlicher Maßnahmen

2. b) 1. Mahnung - 3. Mahnung - 2. Mahnung - Zahlungserinnerung

3. Der Weg bei Nichtzahlung läuft erst über einen Mahnbescheid. Wenn der Schuldner dann weiter nicht zahlt, ergeht ein Vollstreckungsbescheid und später die Zwangsvollstreckung. Bei Einsprüchen auf die jeweiligen Bescheide kommt es zur Klage bzw. zur Gerichtsverhandlung.

4. ... durch die Beantragung des Mahnbescheides

5. Sofort Widerspruch einlegen, denn das Gericht prüft lediglich die formelle Richtigkeit des Antrages auf den Mahnbescheid.

6. ... öffentliche Urkunden, mit denen die Zwangsvollstreckung eingeleitet werden kann.

7. 2 Wochen, dann wird der Vollstreckungsbescheid vollstreckbar.

8. Den Schuldner doch noch zur Zahlung zu bewegen, ohne dass es zum langen Klageverfahren kommt.

1-20 ALLGEMEINE GESCHÄFTSBEDINGUNGEN

1. Unter den AGBs sind alle für eine Vielzahl von Verträgen einseitig vorformulierten Vertragsbedingungen zu verstehen, die eine Vertragspartei der anderen bei Abschluss eines Vertrages stellt. Sie sind seit 01.01.02 Bestandteil des BGBs.

2. Erfüllungsort und Gerichtsstand, Gefahrenübergang, Eigentumsvorbehalt, Lieferungs- und Zahlungsbedingungen, Haftung, usw.

3. auf der Rückseite des Kaufvertrages (der Rechnung), im Geschäft an der Wand ...

4. AGBs werden nur dann Vertragsbestandteil, wenn der Verwender ausdrücklich auf das Bestehen von AGB hinweist und dem Vertragspartner die Möglichkeit gibt, von deren Inhalt Kenntnis zu nehmen. Zu den Mindestvoraussetzungen zählen, dass auf die AGBs ausdrücklich hingewiesen wird, dass sie leicht erreichbar und lesbar sind. Der Käufer muss den AGBs zustimmen.

5. Individuelle Absprachen haben Vorrang vor den AGBs. Vereinbarungen mit dem Verkäufer z. B. über die Zahlungsweise haben Vorrang.

6. = Bestimmungen, die so ungewöhnlich sind, dass der Vertragspartner nicht mit ihnen zu rechnen hat. Sie werden nicht Vertragsbestandteil (nichtig!)

7. - unangemessen lange Fristen für die Annahme
   - Rücktrittsvorbehalt
   - Vertragsstrafen
   - kurzfristige Preiserhöhungen

8. - Rationalisierungseffekt durch Standardisierung von Verträgen
   - Verbesserung der Rechtsposition
   - Wichtige Regelungen werden nicht vergessen
   - Schnellere Abwicklung der Rechtsgeschäfte

2 KERNPROZESSE DES EINZELHANDELS, UNTERSTÜTZENDE PROZESSE

2-01 SORTIMENTSGESTALTUNG

1. Sortiment umfasst die Gesamtheit aller angebotenen Waren im Einzelhandelsgeschäft.

2. 4 - 1 - 3 - 5 - 2 (von der Sorte zur Branche) - ansonsten umgekehrt!
E - C - D - B - A (von der Sorte zur Branche) - ansonsten umgekehrt!

3. Das Kernsortiment umfasst alle Lebensmittel, die der Supermarkt Müller führt und die den Hauptumsatz bilden; zum Randsortiment zählen Ergänzungsartikel wie Textilien, die das Hauptsortiment ergänzen bzw. abrunden.

4. Preissenkung bei einigen Artikeln; Sonderaktionen; Aufnahme nachfragestarker Produkte; Verbesserung von Service und Verkaufsatmosphäre ...

5. a) Diversifikation (= Sortimentserweiterung)

b) Sortimentsergänzung

c) Sortimentseleminierung / -bereinigung

d) Sortimentsverjüngung

6. ein Discountgeschäft verfolgt eine „Trading-down"-Strategie (= Niedrigpreispolitik) durch Verzicht auf Service, Personal, hochwertige Geschäftsausstattung und durch Anbieten von „No-name Artikeln" ...; ein Supermarkt verfolgt eher eine „Trading-up"-Strategie durch Anbieten von Service, Fachpersonal, Herstellermarkenprodukte, ansprechende Verkaufsatmosphäre ...

7. Unter einem **„Auslaufsortiment"** versteht man Artikel, die aufgrund geringer Nachfrage, Auslistung beim Hersteller oder veränderter Geschäftspolitik nur noch abverkauft werden und künftig aus dem Sortiment genommen werden.

Unter einem **„Saisonsortiment"** versteht man Artikel, die nur zur jeweiligen Saison geführt und verkauft werden. (z. B. Schokoladen-Nikoläuse)

2-02 SORTIMENTS- UND MARKENPOLITIK

1. Qualität, Marke, Preis, Nutzen, Design, Lebensdauer, Image usw.

2.
- Erhöhung der Kundenbindung
- Neukundengewinnung
- höhere Gewinnspanne
- Imageverbesserung
- Abgrenzung von den Mitbewerbern usw.

3. verkaufsschwache Zone: ... da die inzwischen bewährte Eigenmarke gezielt gesucht wird.

verkaufsstarke Zone: ... um die Eigenmarke bekannt (er) zu machen.

4. Individuelle Lösung:
Grundsätze des „Visual Merchandisings“ sind...
- dem Kunden ein guter und logischer Überblick über das Produkt, etwaige Ergänzungsprodukte und Sortiment des gesamten Geschäftes zu verschaffen
- das Sortiment transparent und erlebbar zu machen
- emotionale Kaufanreize zu schaffen (z. B. durch die Außenwirkung über Fassade und Schaufenster, Kundenstopper und Eingangsbereich, die Reinlichkeit und Beleuchtung außen und innen, Sinnigkeit und Aktualität des Warenaufbaus und der Dekoration, lokale Gegebenheiten und Kundenansprüche, originalgetreue Umsetzung der Darstellung eines Unternehmens und Produktes nach außen).
- dem Kunden den ersten Eindruck zu vermitteln.

Auf die Bilder speziell bezogen spielen im Rahmen der Präsentation und Platzierung emotionale und rationale Gesichtspunkte wie z. B. die Höhe der Warenanordnung, die Farbgestaltung, das Schaffen von eyecatchern oder Themenlandschaften eine bedeutende Rolle. Dahinter stehen auch Prinzipien wie das Arena-Prinzip oder Zonenprinzip.

2-03 BEDARFSERMITTLUNG UND EINKAUFSPLANUNG

1. „Welche Lagerkapazität habe ich zur Verfügung?“
„Mit welcher Kaufkraft des Kunden kann gerechnet werden?“
„Wie ist die Marktentwicklung?“
„Wie ist meine eigene wirtschaftliche Lage?“
„Welche Angebote unterbreiten die Hersteller?“
„Wer sind meine Mitbewerber und was bieten sie vergleichsweise an?“
„Welcher Kundenkreis soll angesprochen werden?“
„Für welche Jahreszeit soll eingekauft werden?“
„Wie ist die modische bzw. technische Entwicklung?“
„Wann ist der geeignete Bestellzeitpunkt?“
usw.

2. Marktanalyse: ... liefert Daten über die Marktsituation zu einem bestimmten Zeitpunkt (zeitpunktbezogene Untersuchung).

Marktbeobachtung: ... liefert Daten durch laufende Beobachtung des Marktes (zeitraumbezogene Beobachtung)

3. - Kunden: Zahl, Alter, Familienstand, Berufe, Einkommen, Kaufverhalten ...
- Standort: Kundenströme, Passantendichte, Mietpreise, Grundsteuer ...
- Konkurrenz: Marktanteile, Sortiment, Preispolitik, Image, Werbemaßnahmen ...

4. a) hohe Lagerkosten, Verderb, hohe Kapitalbindung ...

b) fehlender Mengenrabatt beim Einkauf, knappes Warenangebot, Kundenverlust ...

5. Die optimale Bestellmenge liegt bei 230 Stück. Es entstehen dabei Kosten in Höhe von 189,00 €.

2-04 BESCHAFFUNGSPLANUNG

1. - Welche Artikel sollen eingekauft werden?
- Welche Menge soll eingekauft werden?
- Wie hoch darf der Bezugspreis sein?
- Wann soll die Ware bestellt werden?
- usw.

2. - der persönliche Kontakt zum Hersteller / Lieferant
- Gewinn neuer Informationen über Trends
- Erhalt von Messerabatten
- Direkter Kontakt zur Ware
- usw.

3. - Fachzeitschriften
- Internet
- Branchenverzeichnis
- Warenwirtschaftssystem
- Handelsvertreterbesuch
- usw.

4. Die Lösung kann vielfältig ausfallen – Vorschlag!

WERBEMEDIUM	KOSTEN	VERWENDUNG		BEGRÜNDUNG
		JA	NEIN	
Modenschau	3.500,00 €	X		stellt das Hauptevent dar
Anzeige in überregionaler Tageszeitung	4.200,00 €		X	erreicht nicht den Kundenkreis
Anzeige in regionaler Tageszeitung	2.800,00 €	X		erreicht potentiellen Kundenkreis
Plakatwerbung DIN A1	170,00 €/50 Plakate	X		günstige Werbemaßnahme
Kinowerbung	1.400,00 €/Monat		X	ungeeignet u. zu teuer für das Event
Monatliche Fachzeitschrift	3.100,00 €		X	nicht effektiv für das Event
Showprogramm	1.400,00 €	X		unterstützt die Modenschau
Flyer	56,00 €/2.500 Stück	X		Kostengünstige Werbemaßnahme
Gesamtkosten:	**7.926,0 €**	Fazit: Die Kosten liegen im Budget		

5. - Mitarbeiter erhalten Informationen und Tipps des Herstellers
- Entlastung der eigenen Mitarbeiter
- der Hersteller kann direkt auf Kundenfragen eingehen
- der Hersteller macht Werbung für sich und das Einzelhandelsgeschäft
- der Hersteller bietet möglicherweise Kleinrabatte und Werbegeschenke an
- usw.

6. - Abverkaufsquote
- Kundenbefragung
- Verkaufszahlen der neuen Artikel
- Kundenfrequenz in dieser Abteilung
- usw.

2-05 BESCHAFFUNGSPLANUNG UND -DURCHFÜHRUNG

1. 2. Schritt: Sie suchen geeignete Bezugsquellen
3. Schritt: Sie schreiben Anfragen an Lieferanten und fordern Muster / Modelle an
4. Schritt: Sie prüfen Angebote
5. Schritt: Sie entscheiden sich für einen Lieferanten

2. Sie werten die Verkaufsdaten laut Warenwirtschaftssystem sowie Marktforschungsdaten aus.

3.

Listenpreis	89,90 €	99,90 €
- Liefererrabatt	8,99 €	5,00 €
Zieleinkaufspreis	80,91 €	94,90 €
- Liefererskonto	2,43 €	1,90 €
Bareinkaufspreis	78,48 €	93,00 €
+ Bezugskosten	25,00 €	20,00 €
Bezugspreis	103,48 €	113,00 €

4. ... um Verkaufsstockungen zu vermeiden usw.

5. Das Warenwirtschaftssystem löst bei Erreichen des Meldebestandes eine Bestellung aus.

6. Verpackung: Versandverpackung
Versand: Anfuhr zum Versandbahnhof (Lieferbedingung „ab hier")

7. Den Warenabsatz des letzten Sonntagsverkaufs.

2-06 BEZUGSQUELLENERMITTLUNG – ANFRAGE – ANGEBOT

1. Internet, Adressenverzeichnisse (Gelbe Seiten), Fachzeitschriften, Vertreterbesuche, Kataloge, Fachmessen, Ausstellungen ...

2. a) - allgemeine Anfrage: Bitte um Zusendung allgemeiner Infomaterialien
- spezielle Anfrage: Bitte um spezielle Infos über die Lieferung von bestimmten Artikeln

b) - Preise, Liefer- und Zahlungsbedingungen, Lieferzeit ...
- Ausführung der Ware, Eigenschaften, Garantie ...

c) Anfragen haben keine rechtliche Bindung; meist erfolgt aus einer Anfrage gleichzeitig ein Angebot

d) Angebot 1: LP: 20,00 €; ZEP: 16,00 €; BEP: 15,52 €;BP: 20,52 €

Angebot 2: LP: 21,00 €; ZEP: 17,01 €; BEP: 16,68 €;BP: 16,68 €

e) Das **Fax-Angebot** gilt über einen längeren Zeitraum, sofern es zeitlich nicht befristet ist oder sogenannte „Freizeichnungsklauseln" enthält. Ein Widerruf muss vor oder gleichzeitig mit dem Angebot eintreffen. Ein **telefonisches Angebot** gilt nur, so lange das Telefonat dauert.

f) - langjähriger Lieferant mit guter Geschäftsbeziehung
- hohe Produktqualität
- umfangreicher Service
- schnelle Warenlieferung / kurze Lieferzeiten
- besserer Standort

2-07 ANGEBOT

1. a) Bezeichnung (z. B. Mineralwasser), Artikelnummer (z. B. 0421), Ausführung (z. B. classic)

b) in mittlerer Art und Güte

c) Mengenrabatt

d) „Bei Abnahme von 100 Kästen Mineralwasser berechnen wir Ihnen 90 Kästen“

e) Der Bonus wird nachträglich und einmalig auf den Gesamtumsatz gewährt (bei Erreichen einer bestimmten Umsatzhöhe!); andere Rabatte werden sofort auf den Einzelumsatz gewährt (= Sofortrabatte).

f) Das Musterangebot enthält die Zahlungsbedingung: „zahlbar innerhalb von 30 Tagen; bei Zahlung innerhalb von 8 Tagen 3 % Skonto“; gesetzlich hat der Käufer sofort zu zahlen. Abweichungen vom Gesetz sind natürlich möglich: z. B. „gegen Vorkasse“ oder „sofort netto Kasse“ oder „Ziel 30 Tage“.

g) Skonto ist der Nachlass für Zahlung innerhalb einer bestimmten Frist; Auswirkung: der Verkäufer erhält schnell den Kaufpreis, der Käufer erhält Nachlass als Belohnung.

h) der Käufer

i) „ausschließlich Verpackung. Bei Rücksendung der Leihverpackung Gutschrift“.

j) der Verkäufer

k) ab Werk, ab Lager, ab Fabrik

l) ab hier, ab Bahnhof hier, unfrei

m) frei Bahnhof dort, frei dort, frachtfrei, frei

n) Lieferung: Getränke „Trink-gut“, Dingharting;
Zahlung: Warenhaus Huber, München.

o) Die Gefahr ist noch nicht an den Käufer übergegangen, die Warenschuld nicht erfüllt. Das Warenhaus Huber muss nicht zahlen!

p) München

q) Ja, beide sind Kaufleute (zweiseitiger Handelskauf)

r) „Trink-gut“-Getränke: Die Ware mangelfrei übergeben und sie dem Warenhaus Huber zu übereignen (Warenschuld).

Warenhaus Huber: Den Kaufpreis an die Firma Himüller zu zahlen (= Geldschuld) und die Ware abzunehmen.

s) Bereits durch die Lieferung wird das Warenhaus Huber Eigentümer. Das Erfüllungsgeschäft ergibt sich aus der Übergabe + Einigung.

t) Freizeichnungsklauseln haben den Sinn, die Verbindlichkeit des Angebotes einzuschränken. Zu ihnen zählen: „solange der Vorrat reicht“, „freibleibend“, „ohne Gewähr“, „Preise freibleibend“, „Lieferzeit freibleibend“.

2. Listenpreis (60 x 2,05 €) 123,00 €

Listenpreis (60 x 2,05 €)	123,00 €
- Rabatt	6,15 €
Zieleinkaufspreis	116,85 €
- Skonto	3,51 €
Bareinkaufspreis	113,34 €
+ Bezugskosten	0,00 €
Bezugspreis	113,34 €

2-08 KAUFVERTRAGSARTEN

1. Kauf zur Probe, weil sie zunächst eine kleine Warenmenge gekauft hat, um es auszuprobieren. (= unverbindliche Zusage eines späteren Kaufes einer größeren Menge)

2. - Stückkauf: bezeichnet einen Kaufvertrag, der sich auf eine individuell bestimmte Sache bezieht (= Spezieskauf).
   - Gattungskauf: der Kaufgegenstand ist nicht einmalig, sondern in größerer Stückzahl vorhanden.
   - Kauf auf Abruf: der Käufer hat bei diesem Kauf die Möglichkeit, Termin und gewünschte Teilmengen dem Verkäufer mitzuteilen.

3. Kauf mit Gewährung eines Mengenrabattes

4. - Barkauf: Bezahlung des Kaufpreises mit gleichzeitiger Übergabe der Ware (Zug-um-Zug).
   - Zielkauf: Bezahlung des Kaufpreises erst einige Zeit nach Warenlieferung.
   - Kommissionskauf: Ware wird vom Lieferanten zunächst an den Händler in Kommission übergeben. Nicht verkaufte Ware kann an den Lieferanten zurück gegeben werden, die Bezahlung der Ware erfolgt erst nach dem Verkauf an den Kunden.
   - Kauf gegen Vorauszahlung: der Käufer entrichtet den gesamten Kaufpreis vor der Warenlieferung.
   - Kauf gegen Anzahlung: der Käufer verpflichtet sich, einen Teil des Kaufpreises vor der Lieferung zu zahlen.
   - Teilzahlungsgeschäfte: der Käufer leistet beim Abzahlungs- oder Ratenkauf i.d.R. eine Anzahlung. Die Vertragspartner vereinbaren weiterhin, dass der Käufer die verbleibende Restsumme in regelmäßigen Zeitabständen in gleichen oder verschiedenen Raten zu zahlen hat.
   - usw.

5. - **firmeneigene** Zustellung per LKW oder per Bote durch die Warenhaus Huber GmbH.
   - **firmenfremde** Zustellung durch die Post AG, Spedition, Bahn AG oder private Paketdienste.

2-09 WARENANNAHME

1. - Hersteller, Großhändler ...
   - Dt. Post AG / DHL Paketversand
   - Deutsche Bahn AG
   - Speditionen / Frachtführer
   - private Paketdienste (UPS, Hermes, dpd, GLS, ...)

2. - liegt eine Bestellung vor? (Bestellkopie)
   - Anschrift des Empfängers überprüfen
   - äußere Beschaffenheit
   - Zahl der gelieferten Packstücke überprüfen
   - Gewicht evtl. prüfen

3. Warenbegleitpapier, Verfügungspapier, Beweispapier

4. Im Gegensatz zum Frachtbrief umfasst der Lieferschein eine ausführliche Auflistung des Paketinhalts der Waren mit Angabe der Artikel-Nr., Artikel-Bezeichnung, Ausführung, Menge usw.

5. - Stichproben oder Gesamtprüfung
- Gegenstand der Prüfung (z. B. Qualität, ISO-Nr., ...)
- Bedeutung des Prüfverfahrens usw.

Die äußere Überprüfung der Packstücke erfolgt oberflächlich, d.h. sie werden nach möglichen Verpackungsschäden, Fehllieferungen usw. untersucht. Die Kontrolle hat sofort im Beisein des Zustellers zu erfolgen.

Die innere Überprüfung muss zeitlich gesehen ohne schuldhaftes Verzögern erfolgen. (= unverzüglich am gleichen Tag noch)

6. a) Mangel in der Art, Mangel in der Menge, Mangel in der Qualität

b) bis auf den „Webfehler" (= vermutlich ein versteckter Mangel) liegen offene Mängel vor.

c) beim zweiseitigen Handelskauf müssen die offenen Mängel unverzüglich dem Lieferer gegenüber gerügt werden. Versteckte Mängel sind unverzüglich nach Entdeckung, innerhalb der Gewährleistungsfrist anzuzeigen. Dem Käufer sollte die gerügte Ware vorgelegt werden.

d) Auftrags-Nr., Art + Menge der Ware, Lieferer, Differenzen zwischen Bestellung und Lieferschein ...

2-10 WARENLAGERUNG I

1. = Räumlichkeit, in der der Einzelhändler seine Waren aufbewahrt. Zu den Lagerarten zählen das Verkaufslager, Reservelager und Zentrallager.

2. aus Kostengründen (Miete, Strom, Personal ...); im Bedarfsfall lagert der Einzelhändler seine Waren kurzfristig in einem Lagerhaus ein. Das ist günstiger als ein eigener Lagerraum.

3. die Erreichbarkeit, d.h. Fehlbestände schnell wieder ausgleichen zu können, stets verkaufsbereit zu bleiben und die Kundenzufriedenheit zu erhalten; die Einsparung von Kosten ...

4. - Gewährleistung ständiger Liefer- und Verkaufsbereitschaft
- Überbrückung der Zeit zwischen Bestellung und Eintreffen der neuen Ware
- Nutzen von Preisvorteilen (z. B. Mengenrabatt, Einsparung von Versand- und Verpackungskosten)

5. - Überprüfung von Mindest-, Melde- und Höchstbestand im WWS-System
- Verbesserung der Einschätzung des Kaufverhaltens der Verbraucher
- permanente Inventur durch Kontrolle über das WWS-Systems

6. - der Kunde soll eine angenehme Verkaufsatmosphäre vorfinden;
- der Kunde möchte die Ware schnell vorfinden, ohne lange zu suchen;
- der Kunde möchte den Kauf nach Möglichkeit als Erlebnis wahrnehmen und vielleicht zum Stammkunden werden.

7. a) Umlagerung: Waren der Filiale A werden der Filiale B geliefert, weil die Ware in Filiale A weniger, in Filiale B hingegen besser nachgefragt wird. Bei einer Umlagerung wird ein Umlagerungsschein geschrieben, weil die Kosten der jeweiligen Kostenstelle zugeordnet werden müssen.

b) Kommissionsgeschäft: „Kommission" kann gegenüber dem Endverbraucher heißen, für ihn die gewünschten Waren zusammenzustellen und bereit zu stellen.

Gegenüber dem Hersteller bedeutet ein Kommissionsgeschäft, nicht verkäufliche Ware an den Hersteller wieder zurückgeben zu können und damit Lagerkosten einzusparen.

2-11 WARENLAGERUNG II

1. a) Bei der **systematischen** Lagerplatzanordnung werden die Waren nach einem vorgegebenen System an bestimmten gleich bleibenden Plätzen (Plätze mit fester Lagernummer) eingeordnet. Für jeden Lagerplatz wird eine Nummer vergeben.

b) Bei der **chaotischen** Lagerplatzanordnung (Freiplatzsystem) werden die Regale dort belegt, wo gerade ein freier Lagerplatz ist. Feste Lagerplätze gibt es bei dieser Lageranordnung nicht.

2. die Kostenersparnis aufgrund der optimalen Ausnutzung der vorhandenen Lagerfläche (z. B. Einsparung von Lagerraum und damit von Mietkosten ...); optimale Raumausnutzung durch Besetzung aller freien Plätze.

3. Das erschwerte Wiederfinden der Waren durch falsche Eingabe ins System, da nur der Computer den jeweiligen Lagerort kennt und ein manuelles Ein- und Auslagern nicht mehr möglich ist. (hohe Abhängigkeit vom Computer).

4. Art, Wert, Zugriffshäufigkeit, Transporteigenschaften des Lagergutes; ferner die Fifo- und Lifo-Methode

2-12 WARENLAGERUNG III

1. - interne Gründe: Fehldisponierung, Doppellieferung nicht erkannt, Preisgestaltung, Kalkulation, schlechte Platzierung, Fehler beim Kassieren
- externe Gründe: Mitarbeiter, Modetrends, technische Überholung, Witterung

2. Verderb, Veralterung / Mode, Kapitalbindung (fehlendes Geld für den Kauf aktueller Ware)

3.
- Preisreduzierung
- verstärkte Werbung
- Personalmotivation
- Sonderplatzierung
- Warenabgabe an andere Filialen
- Unterweisung der Mitarbeiter

4.
- Verbesserung bei der Disposition
- Laufende Bestandskontrollen
- Bestellung auf Abruf
- Konkurrenzbeobachtung

5.
- permanente Bestandskontrollen
- Einsatz eines geschlossenen Warenwirtschaftssystems
- Lagerkennziffern

2-13 WARENLAGERUNG IV

Eigenlagerung	
Fixe Kosten:	7.380,00 €
Variable Kosten:	6.300,00 €
Gesamtkosten:	13.680,00 €

Fremdlagerung	
Fixe Kosten:	- €
Variable Kosten:	16.200,00 €
Gesamtkosten:	16.200,00 €

2. nicht sinnvoll, da teurer.

3. a) (50 + 50 + 90 + 136 + 38) : 5 = 72,8 Stück im Durchschnitt 72,8 x 8,00 € = 582,40 €

b) 520 (Summe der Abgänge) x 8,00 € = 4160 : 582,40 = 7,1 mal

c) 360 : 7,1 = 50,7 Tage

4. Durchführen von Werbung, Mehrfachplatzierung, Kleinere Bestellmengen, Mitarbeiterschulung, Senkung der Bezugspreise usw.

2-14 PREISAUSZEICHNUNG

1. In dem Ausgangsfall handelt es sich im Vergleich zu einem Einfachetikett um ein „Mehrfachetikett". Dieses wird nicht nur zur Preisauszeichnung verwendet, sondern dient im Betrieb auch noch organisatorischen Zwecken wie z. B. als Kassenzettel.

2. a) als handgeschriebenes, gestempeltes oder maschinengeschriebenes Etikett

   b) als Klebe-, Hänge- oder Stelletikett

3. Preisangabenverordnung

4. gesetzlich vorgeschriebene Preisangaben: Bruttoverkaufspreis (119,00 €)

   Freiwillige Angabe: Artikel- und / oder Lagernummer (158 / 057 / Meran 4711)

5. a) Preisinformation und -vergleich sowie Preiskontrolle beim Bezahlen ...

   b) - informative Etiketten können die Beratung durch die Verkaufskraft z. T. ersetzen
      - die Ware wird nicht zu einem anderen Preis als dem vorgesehenen verkauft
      - bei Nachbestellungen sind wichtige Daten schnell zur Hand ...

   c) - kein Handeln mit dem Kunden
      - die Auszeichnung gibt nützliche Hinweise für die Kundenberatung wie Größe, Qualität ...)
      - schnelle Einarbeitung, da nicht mehr Preise auswendig gelernt werden müssen...

6. die Gewerbeaufsichtsbehörde

7. - bei Erzeugnissen, die nicht miteinander vermischt oder vermengt sind;
   - bei Waren mit einem Nenngewicht oder -volumen von weniger als 10 Gramm oder Millimeter
   - bei Parfüms und parfümierten Duftwässern
   - bei leicht verderblichen Lebensmitteln, wenn der Endpreis wegen einer drohenden Gefahr des Verderbs herabgesetzt wird.

2-15 FRANCHISESYSTEM I

1. Unter Franchising versteht man ein Absatz- oder Vertriebssystem, bei dem der Franchisegeber dem Franchisenehmer bestimmte Rechte überlässt (z. B. die Benutzung des Markennamens), die im Franchisevertrag festgelegt sind. [Geprägt wird das System außerdem durch das arbeitsteilige Leistungsprogramm der Systempartner sowie durch ein einheitliches Auftreten am Markt.]

2. Vorteile:
   + FN profitiert von Markennamen
   + FG erstellt das Gesamtkonzept
   + FG übernimmt die Planung, Schulungen usw.

   Nachteile:
   - FN muss Gebühren an den FG zahlen
   - FN hat wenig Einfluss auf das Produktprogramm bzw. die Sortimentsgestaltung
   - FG darf Anweisungen geben
   - FG bestimmt meist Geschäftsausstattung usw.

2-16 FRANCHISESYSTEM II

1. Unternehmergeist, Teamfähigkeit, Belastbarkeit, Flexibilität, betriebswirtschaftliche Kenntnisse, Verantwortungsbewusstsein usw.

2. a) 360.000,00 € x 16 : 100 = 57.600,00 €

b) das zu erwartende Monatseinkommen netto setzt sich wie folgt zusammen:

57.600,00 €
- 13.800,00 €
- 9.780,00 €
34.020,00 € (jährlich) bzw. 2.835,00 € (monatlich)

3. a) höheres Nettoeinkommen, geringeres Risiko als bei Alleingründung, Übernahme bekannter Produkte, Absatzunterstützung, Nutzung von Dienstleistungen (z. B. Vermarktung) usw.

b) Abhängigkeit vom Franchisegeber, Abnahmeverpflichtung, geringer Gestaltungsspielraum, hohe Franchisegebühr, Umsätze vielleicht nicht erreichbar usw.

2-17 KASSENWESEN

1. a)

Bargeldbestand am Abend	2.520,45 €
+ Kartenzahlungen	1.342,36 €
+ eingenommene Gutscheine	50,00 €
+ Tagesausgaben	25,00 €
+ Bankeinzahlungen	1.400,00 €
- Wechselgeld am Morgen	500,00 €
Tagesumsatz	4.837,81 €

b) davon bar 3.445,45 € (- 1.392,36 €)

c)

Wechselgeld	500,00 €
+ Barumsatz	3.445,45 €
- Bankeinzahlungen	1.400,00 €
- Tagesausgaben	25,00 €
eigentlicher Bargeldbestand	2.520,45 €
- Bargeldbestand am Abend	2.520,45 €
Fehlbestand / Überschuss	0,00 €

2.
1. Eingabe des Zahlungsbetrages durch den Verkäufer in die Kasse
2. Gesamtbetrag nennen
3. den empfangenen Geldbetrag nennen, das Geld auf die Geldablage legen bzw. in die Geldscheinklemme stecken
4. dem Kunden das Rückgeld vorzählen
5. das Kundengeld in die Kasse legen und schließen
6. gekaufte Artikel mit Kassenbon aushändigen

3. Der Kassiervorgang umfasst alle Tätigkeiten, die mit dem Zahlungsvorgang zu tun haben (siehe 2.). Der Zahlungsvorgang beinhaltet nicht nur den Kassiervorgang, sondern zusätzlich die Begrüßung, Verabschiedung und evtl. das Verpacken der Ware.

4. a) Storno: ... ist eine Berichtigung eines Buchungsfehlers z. B. durch Falscheingabe eines Geldbetrages in die Kasse.

b) Kassensturz: ... ist eine nicht angekündigte Kassenkontrolle. Sie findet zur Überprüfung des Kassenpersonals statt. Damit sollen eventuelle Kassendifferenzen aufgeklärt werden.

5. a) Dateneingabegeräte: Tastatur, Maus, Scanner

b) Datenausgabegeräte: Drucker, Bildschirm, Lautsprecher

6. Dialoggeräte umfassen die Eingabe und Ausgabe in einem Gerät (z. B. Touchscreen)

7. Der Kassenbereich besteht inzwischen aus Gründen der Zeitersparnis und Arbeitserleichterung aus mehreren Kassen, die ein Verbundsystem bilden. Eine Kasse arbeitet dabei als „Masterkasse“, die anderen als sogenannte „Satelliten“. Ergebnisse und Informationen aller Kassen werden über die Hauptkasse, den sogenannten „Master“ zusammengeführt. Neue Informationen, Änderungen und Löschungen werden über die Masterkasse auf die Satelliten überspielt.

8. a) Die Erfassung von Warenausgangsdaten direkt am Kassenplatz kann online oder offline erfolgen. Beim Online-Vorgang besteht eine direkte Verbindung zum Computer. Der Artikeldatenbestand wird mit jedem Abverkauf direkt aktualisiert.

b) Beim offline-System besteht keine direkte Verbindung zum Computer. Die Verkaufsdaten werden auf externe Datenträger gespeichert und später durch Datenfernübertragung an den Zentralrechner weitergeleitet. Die Aktualisierung des Artikeldatenbestandes erfolgt damit immer zu einem späteren Zeitpunkt.

2-18 WARENWIRTSCHAFTSSYSTEM

1. Ein WWS-System ist ein Informations- und Steuerungssystem zur Bewältigung der Warenwirtschaft eines Einzelhandelsbetriebes.

2. a) **Offenes Warenwirtschaftssystem**:
- Erfassung und Auswertung der Daten jeweils in den einzelnen Abteilungen
- keine Kommunikation zwischen den Abteilungen
- Folge: Mehrfacherfassung, hoher Zeit- und Arbeitsaufwand bei erhöhten Kosten

Geschlossenes Warenwirtschaftssystem:
- alle Abteilungen sind miteinander verbunden und der Informationsfluss steht allen Abteilungen zur Verfügung
- Folge: Wareneingänge und Bestände können optimal auf die Kundenabfrage abgestimmt werden

b) ... für die schnelle und wichtige Verfügbarkeit von Informationen zur Planung, Steuerung und Kontrolle des Warenverkehrs.

3. beim Bestellwesen:
- Verkürzung von Bestell- und Lieferabständen
- Senkung der Lagerbestände

beim Wareneingang:
- Erleichterung der Wareneingangskontrolle
- Unterstützung der Warenauszeichnung
- Erleichterung der Inventur und Verringerung von Inventurdifferenzen

im Verkauf:
- kurzfristige Erfolgskontrolle
- Sortimentsoptimierung
- Umsatzerhöhungen
- sofortige Preisänderungen
- kein Eintippfehler beim Kassiervorgang

beim Personal:
- Verringerung der Personalaufwendungen
- differenzierte Personaleinsatzplanung
- mehr Zeit für Beratung und Bedienung der Kunden

bei der Unternehmensplanung und -führung:
- schnelle und genaue Ermittlung des Rohertrages
- Verbesserung des Rohertrages
- Verringerung des gebundenen Lagerkapitals
- leichtere Erkennbarkeit von Schwachstellen

2-19 BETRIEBLICHES RECHNUNGSWESEN

1. a) 420.000 + 160.000 + 1.500.000 = 2.080.000,00 €

b) 2.340.000 + 2.700 + 52.000 + 1.300 = 2.396.000,00 €

c) 2.080.000 + 2.396.000 = 4.476.000,00 €

d) 4.476.000 - 460.000 - 84.000 - 12.500 = 3.919.500,00 €

e) 460.000 + 84.000 + 12.500 = 556.500,00 €

2. a) Aktivkonten: Bsp. Fuhrpark + Kasse
Passivkonten: Bsp. Hypotheken + Darlehen

b) aus der Bilanz

c) ... die in der Inventur ermittelten Vermögens- bzw. Schuldenbestände aufzunehmen und alle Veränderungen dieses Bestandes zu erfassen und fortzuschreiben.

d) Anfangsbestand - Zugänge - Abgänge - Schlussbestand

e) Schlussbilanzkonto

3. a) Aufwandskonten: Aufwendungen für Waren
Ertragskonten: Umsatzerlöse

b) den Erfolg erhält man aus der Gegenüberstellung von Aufwand und Ertrag in Form von Gewinn oder Verlust. Dies wiederum bewirkt eine Veränderung des Eigenkapitals.

c) ... aus Mehrungen (bei Aufwendungen im Soll, bei Erträgen im Haben)
... aus Minderungen (bei Aufwendungen im Haben, bei Erträgen im Soll)
... den Kontoabschluss bildet bei beiden Kontenarten der Saldo.

d) Gewinn- und Verlustkonto

e) Eigenkapital (der Gewinn wird ins Haben gebucht, der Verlust ins Soll)

f) fa) Reinverlust
fb) Reingewinn

4. a) 520.100,00 € (= Saldo des Kontos „Aufwendungen für Waren")

b) 186.000 + 39.400 + 4.000 + 18.000 = 247.400,00 €

c) 940.000,00 € als Umsatzerlöse (= Nettoumsatzerträge)

d) 940.000,00 € - 520.100,00 € = 419.900,00 €

e) 940.000,00 - 520.100,00 - 186.000,00 - 39.400,00 - 4.000,00 - 18.000,00 = 172.500,00 €

2-20 ABSCHREIBUNG AUF SACHANLAGEN

1. 226.340,00 € + 550,00 € = 226.890,00 €

2. - der Grundsatz der Bilanzwahrheit verlangt die Berücksichtigung der Wertminderung der Gegenstände des Anlagevermögens durch Benutzung, Alterung und technische Überholung. Deshalb werden Abschreibungen vorgenommen.
- Abschreibungen fließen in die Handlungskosten der Kalkulation mit ein und führen gewissermaßen zur Refinanzierung des Anlagegutes und sollen eine Neuinvestition ermöglichen.

3. a) Die Anschaffungskosten und die Nutzungsdauer

b) 226.890,00 : 9 = 25.210,00 €

c)

Anschaffungswert	226.890,00 €
- Abschreibungsbetrag 1. Jahr	25.210,00 €
Buchwert / Restwert 1	201.680,00 €
- Abschreibungsbetrag 2. Jahr	25.210,00 €
Buchwert / Restwert 2	176.470,00 €

d) 100 : 9 = 11,11 %

4. - jährliche Abschreibung vom Anschaffungswert
- jährlich gleiche Abschreibungsbeträge
- nach der Nutzungsdauer ist der Buchwert 0,00 €

5. Abschreibungen stellen Kosten dar. Je höher die Abschreibungen in einem Geschäftsjahr, desto höher die Handlungskosten und desto geringer der Gewinn.

6. in der Anlagedatei, Schlussbilanz, im Bestandsverzeichnis

7. a) Absetzung im Jahr der Anschaffung
b) in einem Pool gemeinsam über 5 Jahre und jedes Jahr mit 20 %.

2-21 ABSCHREIBUNG AUF SACHANLAGEN (MONATSGENAUE ABSCHREIBUNG)

1. a) 36.000,00 € : 6 = 6.000,00 €
b) 100 : 6 = 16,67 %

2. Der AfA-Betrag für das 1. Jahr in 2021 beträgt:
2/12 (12 Teile = 6.000,00 €)
2 x 6.000,00 € : 12 = 1.000,00 €

Der AfA-Betrag für das 1. Jahr in 2027 beträgt:
10/12 (12 Teile = 6.000,00 €)
10 x 6.000,00 € : 12 = 5.000,00 €

3.

Anschaffungswert		**36.000,00** €
- AfA-Betrag 2021	1. Jahr	1.000,00 €
Buchwert am Ende des Jahres		35.000,00 €
- AfA-Betrag 2022	2. Jahr	6.000,00 €
Buchwert am Ende des Jahres		29.000,00 €
- AfA-Betrag 2023	3. Jahr	6.000,00 €
Buchwert am Ende des Jahres		23.000,00 €
- AfA-Betrag 2024	4. Jahr	6.000,00 €
Buchwert am Ende des Jahres		17.000,00 €
- AfA-Betrag 2025	5. Jahr	6.000,00 €
Buchwert am Ende des Jahres		11.000,00 €
- AfA-Betrag 2026	6. Jahr	6.000,00 €
Buchwert am Ende des Jahres		5.000,00 €
- AfA-Betrag 2027	7. Jahr	5.000,00 €
Buchwert am Ende des Jahres		0,00 €

2-22 WARENHANDELSKALKULATION I

1. a) Bezugskosten = Transportkosten (Fracht), Transportversicherung, Verpackungskosten, Zölle ...

b) Handlungskosten = Miete, Strom, Steuern, Personalkosten, allgemeine Verwaltungskosten, Werbekosten, Abschreibungen ...

c) Kalkulationszuschlag = ist die Differenz zwischen dem Auszeichnungspreis (Bruttoverkaufspreis) und dem Bezugspreis, ausgedrückt in Prozent. Im Zuschlag enthalten sind die Handlungskosten, der Gewinn sowie die Umsatzsteuer.

d) Kalkulationsabschlag = ermöglicht dem Kaufmann, in einem Rechenschritt aus dem Bruttoverkaufspreis den Bezugspreis zu errechnen.

e) Handelsspanne = ein Prozentsatz, bezogen auf den Nettoverkaufspreis, der EUR-Differenz zwischen Bezugspreis und Nettoverkaufspreis umfasst. Sie ist immer kleiner als der Kalkulationsabschlag, da sie keine Umsatzsteuer enthält.

f) Bezugskalkulation: dient der Ermittlung des Einstandspreises (Preis der Ware bei Anlieferung); Grundlage sind die Zahlungs- und Lieferungsbedingungen aus dem Kaufvertrag.

Verkaufskalkulation: dient der Ermittlung des Verkaufspreises (Auszeichnungspreis im Geschäft); Grundlage sind Zahlen aus der Buchhaltung und der Kostenrechnung.

Nachkalkulation: nach Ablauf einer gewissen Zeit zwingen der tatsächliche Kostenaufwand bzw. geänderte Warenpreise der Mitbewerber den Kaufmann dazu, seine bisher aufgestellte Kalkulation zu überprüfen, ob die Höhe des Auszeichnungspreises im Geschäft immer noch gerechtfertigt ist oder aber verändert werden muss.

2.

Listenpreis	96,52 €
- Rabatt	14,48 €
Zieleinkaufspreis	82,04 €
- Skonto	1,64 €
Bareinkaufspreis	80,40 €
+ Bezugskosten	25,00 €
Bezugspreis	105,40 €
+ Handlungskosten	44,27 €
Selbstkostenpreis	149,67 €
+ Gewinn	29,93 €
Nettoverkaufspreis	179,60 €
+ USt	34,12 €
Bruttoverkaufspreis	<u>213,72 €</u>

3. a) $KZ = \frac{(213{,}72 - 105{,}40) \times 100}{105{,}40} = \underline{102{,}8\ \%}$

b) $KA = \frac{(213{,}72 - 105{,}40) \times 100}{213{,}72} = \underline{50{,}68\ \%}$

c) $HS = \frac{(179{,}60 - 105{,}40) \times 100}{179{,}60} = \underline{41{,}31\ \%}$

d) $KF = \frac{213{,}72}{105{,}40} = \underline{2{,}03}$

4. 105,40 € x 70 : 100 = 73,78 + 105,40 = 179,18 € (= vorgesehener BVP)

213,72 € (= aktueller BVP) - 179,18 € = <u>34,54 €</u>

2-23 WARENHANDELSKALKULATION II

1.

Bezugspreis		86,09 €
+ Handlungskosten	56 %	48,21 €
Selbstkostenpreis		134,30 €
+ Gewinn	12 %	16,12 €
Nettoverkaufspreis		150,42 €
+ Umsatzsteuer	19 %	28,58 €
Bruttoverkaufspreis		179,00 €

Der neue Bezugspreis beträgt 86,09 €, der bisherige 101,28 € (86,09 x 100 : 85).

2. Der Gewinn beträgt nun 16,12 € bzw. 12 % (16,12 x 100 : 134,30).

3. $KZ = \frac{(179{,}00 - 86{,}09) \times 100}{86{,}09} = \underline{\underline{107{,}92\ \%}}$ $\quad$ $KA = \frac{(179{,}00 - 86{,}09) \times 100}{179{,}00} = \underline{\underline{51{,}91\ \%}}$

$HS = \frac{(150{,}42 - 86{,}09) \times 100}{150{,}42} = \underline{\underline{42{,}77\ \%}}$

2-24 WARENHANDELSKALKULATION III

1. Bezugskalkulation:

Listeneinkaufspreis	559,00 €
- Liefererrabatt	55,90 €
Zieleinkaufspreis	503,10 €
- Liefererskonto	15,09 €
Bareinkaufspreis	488,01 €
+ Bezugskosten	0,00 €
Bezugspreis	488,01 €

2. 96.070,00 x 100 : 140.450,00 = 68,4 %

3. Verkaufskalkulation:

Bezugspreis	488,01 €
+ Handlungskosten (68,4 %)	331,90 €
Selbstkostenpreis	819,91 €
+ Gewinn	-64,45 €
Nettoverkaufspreis	755,46 €
+ Umsatzsteuer	143,54 €
Bruttoverkaufspreis	899,00 €

4.

Nettoverkaufspreis	755,46 €
- Bezugspreis	488,01 €
- variable Handlungskosten	39,90 €
Deckungsbeitrag pro Stück	448,11 €

5. Der Artikel sollte im Sortiment bleiben, da er einen positiven Beitrag zur Deckung der fixen Kosten leistet.

6. Artikel, die das Sortiment abrunden, Artikel, die die Konkurrenz auch anbietet, Artikel mit Einführungsrabatt, Zubehör usw.

2-25 WARENHANDELSKALKULATION IV

1.

	VORJAHR	AKTUELLES JAHR
Gewinn	14.800,00 €	**11.400,00 €**
Handelsspanne	54,3 %	**49,34 %**
Umsatzrentabilität	15,8 %	**12,03 %**
Eigenkapitalrentabilität (bezogen auf den Anfangsbestand)	29,2 %	**26,66 %**

2. die wirtschaftliche Situation des Schnäppchenladens hat sich bei allen Kennziffern verschlechtert.

3.
- Aufwendungen für Waren reduzieren durch günstigere Lieferer und besserer Einkaufskonditionen
- Handlungskosten senken
- Umsatz erhöhen

usw.

2-26 DECKUNGSBEITRAGSRECHNUNG I

1. Unter der DBR versteht man die Teilkostenrechnung auf der Grundlage von variablen und fixen Kosten. Zieht man von den Umsatzerlösen der jeweiligen Artikel die entsprechenden variablen Kosten ab, erhält man den sogenannten Deckungsbeitrag. Jeder Preis, der über den variablen Kosten liegt, erbringt einen Beitrag zur Deckung der durch den Gesamtbetrieb verursachten fixen Kosten. Damit werden nur die vom einzelnen Artikel direkt verursachten variablen Kosten kalkuliert.

Ziele:
- Der Deckungsbeitrag soll die gesamten Fixkosten decken und darüber hinaus noch einen Gewinn erzielen.
- Mit Hilfe der Auswertung der DBR sollen Informationen zur Gestaltung und Überprüfung der Sortiments- und Preispolitik gewonnen werden, die zur Herausnahme eines Artikels mit negativem Deckungsbeitrag aus dem Sortiment oder der Pflege und Förderung eines Artikels mit positivem Deckungsbeitrag führen.

2. ... weil es schwer ist, genau festzustellen, wie viel Kosten der einzelne Artikel verursacht hat.

3. a) Zinsaufwendungen, Löhne und Gehälter, Büromaterial, Werbungskosten, Mietaufwendungen, Abschreibungen, Aufwendungen für Energie ...

b) fixe Kosten: = Kosten, die unabhängig vom Absatz des einzelnen Artikels in gleicher Höhe anfallen. Sie werden auch „Kosten der Betriebsbereitschaft" genannt.
Bsp.: Miete, kalkulatorische Abschreibungen, Gebäudeversicherung, Gehälter, ...

variable Kosten: = Kosten, die in Abhängigkeit von der Absatzmenge (Beschäftigung) entstehen.
Bsp.: Wareneinsatz, Verpackungskosten

4. a)

	ABTEILUNG 1	ABTEILUNG 2
Umsatz (netto)	150.000,00	190.000,00
- Wareneinsatz	90.000,00	140.000,00
- variable Handlungskosten	10.000,00	60.000,00
Deckungsbeitrag I	50.000,00	-10.000,00

b) Ein positiver Deckungsbeitrag dient der Deckung der fixen Kosten...

c) - Suche nach günstigeren Lieferern
- Aushandeln höherer Rabatte und Skonti
- ...

d) - zu hohe Kosten
- zu niedrige Umsatzerlöse, da die Ware überaltert, die Beratung in dieser Abteilung zu schlecht ist, die Warenpräsentation schlecht ist, die Verkaufspreise zu hoch sind oder die Konkurrenz zu hoch ist ...

2-27 DECKUNGSBEITRAGSRECHNUNG II

1.

DECKUNGSBEITRAGSRECHNUNG						
	WARENGRUPPE I			WARENGRUPPE II		
ARTIKEL-NR.	1601	1602	1603	1702	1703	1704
Nettoverkaufspreis pro Stück in €				140,00	130,00	160,00
Variable Stückkosten in €				103,00	94,00	172,80
Deckungsbeitrag je Artikel in €				-	-	-
Absatzmenge				5.400	4.800	1.960
Deckungsbeitrag Warengruppe in €				199.800,00	172.800,00	-25.088,00
	180.680,00			347.512,00		
Deckungsbeitrag gesamt in €	528.192,00					
Fixe Kosten in €	540.460,00					
Gewinn/Verlust in €	-12.268,00 (Verlust)					

2.

DECKUNGSBEITRAGSRECHNUNG FÜR DIE PLANUNG						
	WARENGRUPPE I			WARENGRUPPE II		
ARTIKEL-NR.	1601	1602	1603	1702	1703	1704
Nettoverkaufspreis pro Stück in €				137,20	127,40	X
Variable Stückkosten in €				103,00	94,00	X
Deckungsbeitrag je Artikel in €				34,20	33,40	X
Absatzmenge				5.832	5.184	X
Deckungsbeitrag Warengruppe in €				199.454,40	173.145,60	
	180.680,00					
Deckungsbeitrag gesamt in €	553.280,00					
Fixe Kosten in €	540.460,00					
Gewinn/Verlust in €	12.820,00					

3. Der Vorschlag ist gut, da ein Gewinn erzielt wird.

4. - nicht verkaufte Ware kann zurückgegeben werden
- geringere Kapitalbindung
- Ware muss erst am Ende einer Verkaufsperiode bezahlt werden
- aktuelles Sortiment ...

2-28 KURZFRISTIGE ERFOLGSRECHNUNG

1. Die KER macht den Einzelhändler schnell (in der Regel monatlich) auf Entwicklungstrends der Ist-Zahlen im Vergleich zu den Zahlen des Vorjahres und die aktuellen Planzahlen (Sollzahlen) aufmerksam. Eine Fehlentwicklung deutet sich daher frühzeitig an und kann durch Gegenmaßnahmen rechtzeitig beeinflusst werden. Durch die monatliche Aufbereitung, Auswertung und Anwendung hat das Warenhaus Huber ein Vorwarn- und Alarmsystem zur Verfügung.

2.
- Wareneingang
- Eingangskalkulation und erreichte Kalkulation
- Preisänderungen
- Umsätze
- Rohgewinn in Prozent und in Euro
- Lagerbestand und Lagerbewegungen

3. Zur Ermittlung der Rentabilität ist der Rohgewinn eine wichtige Größe (Nettoumsatz - Wareneinsatz)

4 a)

KURZFRISTIGE ERFOLGSRECHNUNG (KER)	MONAT MÄRZ					
	VORJAHR		PLAN		IST	
	€	%	€	%	€	%
Bruttoumsatzerlöse	118.349,80	119	120.600,00	119	117.240,00	119
- USt	2.929,80	19	19.255,47	19	18.718,99	19
= Nettoumsatzerlöse	99.453,61	100	101.344,53	100	98.521,01	100
- Wareneinsatz	38.562,80	38,77	40.200,00	39,67	36.400,00	36,95
= Rohergebnis (DB1)	60.890,81	61,23	61.144,53	60,33	62.121,01	63,05
- Personalkosten	12.300,00	12,37	10.900,00	10,76	11.800,00	11,98
- Miete	1.500,00	1,51	1.500,00	1,48	1.500,00	1,52
- Telekommunikation	140	0,14	130	0,13	100,00	0,10
- Werbung	2.100,00	2,11	2.400,00	2,37	2.900,00	2,94
- Zinsen	320	0,32	320	0,32	280,00	0,28
= Deckungsbeitrag II	44.530,81	44,78	45.894,53	45,29	45.541,01	46,22

b) Prozentuale Veränderung zum Vorjahr: (62.121,01 - 60.890,81) x 100 : 62.121,01 = <u>+ 1,98 %</u>

Prozentuale Veränderung zum Plan: (62.121,01 - 61.144,53) x 100 : 62121,01 = <u>+ 1,57 %</u>

c)
- die Umsätze sind gesunken
- der Rohgewinn konnte gesteigert werden
- die Personalkosten nehmen den größten Kostenposten ein
- die Planumsätze konnten nicht erreicht werden
- der Rohgewinn ist zum Vorjahr stärker gestiegen als gegenüber dem Plan
- der Deckungsbeitrag liegt nur knapp unter dem Plan.
- die Umsätze müssen steigen ...

2-29 KOSTEN- UND LEISTUNGSRECHNUNG

1.

- Dokumentationsaufgabe:	Erfassung sämtlicher Geschäftsvorfälle aufgrund von Belegen
- Kontrollaufgabe:	Kontrolle der Wirtschaftlichkeit und Rentabilität der betrieblichen Tätigkeit durch den Vergleich von Bestands- und Erfolgsgrößen
- Dispositionsaufgabe:	Treffen begründeter und nachprüfbarer Planungsüberlegungen aus den gewonnenen Daten
- Rechenschafts- und Informationsaufgabe:	Informieren der Gläubiger, der Belegschaft, der Finanzbehörde sowie der Öffentlichkeit über die Vermögens- und Ertragslage des Unternehmens

2. Fibu und KLR gehören neben der Statistik und der Planung zu den Aufgabenbereichen des Rechnungswesens. Grundsätzlicher Unterschied besteht darin, dass die Fibu (= Geschäftsbuchhaltung) den Geschäftsverkehr mit der Außenwelt erfasst, während die KLR (= Betriebsbuchführung) die entstandenen Kosten und Leistungen erfasst und diese verrechnet. Einzelne Unterschiede sind:

FIBU	KLR
erfasst alle Geschäftsvorfälle, die durch den Verkehr mit der Außenwelt erstanden sind.	erfasst alle im Betrieb entstandenen Kosten
dient als Grundlage für den Jahresabschluss	dient als Grundlage für die Kalkulation und der Kontrolle der Wirtschaftlichkeit einzelner Warengruppen
unterliegt den gesetzlichen Vorschriften	unterliegt keiner gesetzlichen Vorschrift
verwendet die Begriffe „Aufwand" und „Ertrag"	verwendet die Begriffe „Kosten" als betriebsbedingter Aufwand und „Leistungen" als betriebsbedingter Ertrag

3. a)
- ... ermittelt den Erfolg aus dem Verkauf von Waren
- ... stellt die Kosten durch Kauf und Verkauf der Waren und die Umsatzerlöse für die abgesetzten Artikel gegenüber
- ... kontrolliert die Wirtschaftlichkeit des Unternehmens

ba) ... wie bereits aus Punkt 2 hervorgeht, sind Aufwendungen und Erträge laut Fibu nicht unbedingt gleichzeitig als Kosten und Leistungen der KLR zu sehen. Beispiele hierfür sind betriebsfremde Erträge oder Zinserträge durch die Bank, da sie zum Verkehr mit der Außenwelt zählen, die in der KLR nicht erfasst werden.

bb) Kosten: Aufwendungen für Waren
Leistungen: Umsatzerlöse

ca) Während Einzelkosten einer bestimmten Ware unmittelbar zugeordnet werden können wie z. B. bei Aufwendungen für Waren, Bezugskosten, ..., so können Gemeinkosten keinem einzelnen Artikel zugeordnet werden. Beispiele hierfür sind Miete für den Verkaufsraum, Energiekosten ...

cb) Einzelkosten = Aufwendungen für Waren, Bezugskosten
Gemeinkosten = Energiekosten, Miete

cc) Kostenarten: Bei der Kostenartenrechnung geht es um die Frage, welche Kosten innerhalb eines bestimmten Zeitraumes entstanden sind. Es geht dabei um die Erfassung und Gliederung der Kosten wie Aufwendungen für Waren, Personalkosten, Abschreibungen ...

Kostenstellen: Bei der Kostenstellenrechnung geht es um die Frage, wo die Kosten während eines bestimmten Zeitraumes entstanden sind. Hier geht es dabei um die Verteilung der Kosten auf die Betriebs-bereiche, in denen sie angefallen sind.

d) Kosten für die Abteilung „Textil": 3.700.000 x 14 : 37 = <u>1.400.000,00 €</u>

Kosten für die Abteilung „Foto": 3.700.000 x 6 : 37 = <u>600.000,00 €</u>

2-30 STATISTIKEN

1. Die Beschaffung, Aufbereitung und Bereitstellung von Zahlenmaterial, um daraus wichtige Entscheidungen für die Zukunft treffen zu können.

2. Zeitvergleich - Betriebsvergleich - Einzelanalyse

3. a) Säulendiagramm

   b) - im 4. Jahr ist mehr eingekauft als verkauft worden
   - der Verlauf der 3 Größen verläuft wie eine Sinus-Kurve auf und ab
   - im 2. Jahr war der Umsatz am größten, die Handlungskosten am niedrigsten

   c) die Darstellung ist sehr übersichtlich und klar. Sowohl die Entwicklung der drei einzelnen Positionen als auch das Verhältnis der 3 Größen innerhalb der einzelnen Jahre ist deutlich und anschaulich zu erkennen.

2-31 PERSONALBESTANDSPLANUNG UND PERSONALBEDARFSPLANUNG

1. Die **Personalbedarfsplanung** verfolgt den Zweck, den mittel- und langfristigen Personalbedarf eines Unternehmens quantitativ und qualitativ zu ermitteln.

   Die **Personaleinsatzplanung** verfolgt den Zweck, den kurzfristigen Personaleinsatz zu regeln. Ziel ist es, den wirtschaftlichen Einsatz der vorhandenen Mitarbeiter für die ge-plante Leistungserstellung zu gewährleisten.

2.

ZEITRAUM	GEPLANTER UMSATZ	UMSATZ PRO MITARBEITER	ANZAHL DER MITARBEITER
Ausgangsjahr (0)	9.000.000,00 €	75.000,00 €	120
nächstes Jahr (+1)	9.360.000,00 €	76.500,00 €	122
übernächstes Jahr (+2)	9.734.400,00 €	78.030,00 €	125

3.

PERSONALBEDARFSPLANUNG (aktueller Mitarbeiterstand: 120 Mitarbeiter)		
PLANUNGSJAHR	20..(+1)	20..(+2)
Personalbestand:	120	122
- Personalabgänge	4 (Fluktuation) + 1 + 6	4 (Fluktuation) + 1 + 6 + 2
+ Personalzugänge	1	1
Zwischensumme:	110	110
Sollbestand	122	125
Personalbedarf/-abbau	+ 12	+ 15

2-32 PERSONALEINSATZPLANUNG I

1. Anschrift des Unternehmens, Tätigkeitsbereich dieser Stelle, Erwartungen an den Bewerber, Art des Unternehmens, Art der Beschäftigung (Teil- oder Vollzeit), Vertragsform usw.

2. Namen der Vertragspartner, Vertragsbeginn, Urlaub, Arbeitszeit, Kündigungsfrist, Mehrarbeitsvergütung, Ort des Arbeitsplatzes, Zuständigkeiten, Tätigkeitsfeld usw.

3. Tarifvertrag, Arbeitszeitgesetz, Mutterschutzgesetz, Schwerbehindertengesetz, Betriebsvereinbarungen, Jugendarbeitsschutzgesetz usw.

4. Urlaub, Krankheit, Schulungen, Berufsschule, Kassenbesetzung, Voll- und Teilzeitbeschäftigung, Events usw.

2-33 PERSONALEINSATZPLANUNG II

1. Wendl 9 Stunden
   Bernskötter 5,5 Stunden
   Maurer 8,5 Stunden

2. Die Abteilung ist zwischen 13:00 und 13:30 Uhr nicht besetzt.

3.

	GESETZLICHE ANFORDERUNGEN ERFÜLLT (JA) / NICHT ERFÜLLT (NEIN)	BEGRÜNDUNG
Wendl	Nein	unzulässig, da er mehr als 8 Stunden arbeitet.
Bernskötter	Ja	entspricht dem Arbeitszeitgesetz
Maurer	Ja Nein	bei Ausgleich bei mehr als 8 Stunden Arbeitszeit bei keinem Ausgleich bei mehr als 8 Stunden Arbeitszeit

4.
   - Krankheit
   - Fortbildungen
   - Freizeit / Urlaub
   - Kundenfrequenz
   - Öffnungszeiten
   - Arbeitsschutzgesetze
   - Ruhezeiten / Pausenzeiten
   - mögliche Stundenzahl
   - usw.

5.
   - Beschreibung der Stelle
   - Qualifikationen
   - Wochenarbeitszeit
   - Vergütung
   - Voll- / Teilzeit
   - Beginn der Beschäftigung
   - Einsatzort
   - Beschreibung des Unternehmens
   - Beschreibung betrieblicher Leistungen
   - usw.

2-34 PERSONALBESCHAFFUNG

1. Mitarbeiterin, Höchstalter

2. Teamfähigkeit, Freude am Umgang mit Menschen, Kundenorientierung, Fremdsprachenkenntnisse, Flexibilität und Eigeninitiative, selbstbewusstes Auftreten usw.

3. Homepage der Warenhaus Huber GmbH, Agentur für Arbeit, Jobmessen, Plakat im Warenhaus, Online-Jobbörse usw.

4. Anschreiben, Lichtbild, Lebenslauf, Arbeitszeugnisse, Schulzeugnisse, Zertifikate usw.

5. Bewerber für das Bewerbungsgespräch auswählen und einladen, Termin festlegen, Raum vorbereiten, Unterlagen für das Gespräch vorbereiten, Gesprächsleitfaden entwerfen usw.

6. Warum haben Sie insbesondere sich beim Warenhaus Huber beworben?
   Was sind Ihre Gehaltsvorstellungen?
   Wo sehen Sie Ihre Stärken und Schwächen?
   Warum halten Sie sich für die ausgeschriebene Stelle für geeignet?
   Welche Sportarten betreiben Sie? usw.

7. - Mitgliedschaft in einer Gewerkschaft,
   - Zugehörigkeit zu einer Partei,
   - Religionszugehörigkeit,
   - Schwangerschaft

   usw.

8. - Bezeichnung der Tätigkeit,
   - Beginn des Arbeitsverhältnisses,
   - Dauer der Probezeit,
   - Höhe der monatlichen Vergütung,
   - Wöchentliche Arbeitszeit,
   - Betriebsvereinbarungen,
   - Arbeitsort,
   - Anzeige einer Nebentätigkeit

   usw.

2-35 PERSONALBESCHAFFUNG – PERSONALFÜHRUNG – PERSONALENTWICKLUNG

1. a) - interne Personalbeschaffung: innerbetriebliche Stellenausschreibung, Versetzung, Mehrarbeit, Fort- und Weiterbildung

   - externe Personalbeschaffung: Arbeitsverwaltung, private Arbeitsvermittler, Stellenanzeigen, Personalleasing, ...

   b) Die interne Beschaffung von Personal sieht eine Stellenbesetzung innerhalb des Unternehmens vor, während sich die externe auf die Beschaffung außerhalb des Unternehmens bezieht.

   c) + Motivation der Mitarbeiter
   + Erleichterung der Einarbeitung
   + geringe Beschaffungskosten
   - Misserfolg für den Mitarbeiter bei Ablehnung
   - negative Reaktion auf die Bewerbung
   - Gefahr der „Betriebsblindheit“

da) - interne Stellenausschreibung
- Bundesagentur für Arbeit
- Kontakte mit Bildungseinrichtungen
- Stellenanzeigen in Zeitungen oder im Internet ...

db) - Leihfirmen
- Mehrarbeit
- Versetzung ...

2. a) Lebenslauf, Arbeitszeugnis, Anschreiben, Zeugnisse, Zertifikate usw.

b) Rechte: Urlaubsanspruch, Fürsorge, Anspruch auf Vergütung usw.
Pflichten: Schweigepflicht, Arbeitspflicht, Sorgfaltspflicht usw.

3. aa) = planmäßige Leitung der Mitarbeiter in einem Betrieb. Sie versucht, auf das Verhalten anderer Personen oder -gruppen Einfluss zu nehmen und die Mitarbeiter positiv zu beeinflussen.

ab) = alle Maßnahmen, die die individuelle Entwicklung der Mitarbeiter fördern und ihnen unter Berücksichtigung ihrer persönlichen Wünsche und Interessen die Qualifikationen vermitteln, die zur optimalen Erfüllung ihrer Aufgaben nötig sind.

ba) - Flexibilität der Mitarbeiter
- Einsatz der Mitarbeiter entsprechend ihrer Fähigkeiten
- Schaffung einer Unternehmenskultur
- Verbesserung der Handlungsorientierung und Selbstorganisation der Mitarbeiter
- Bereitschaft zum lebenslangen Lernen ...

bb) - Berücksichtigung individueller Einsatzwünsche
- Zufriedenheit am Arbeitsplatz
- Abbau von Unter- und Überforderungen

2-36 PERSONALENTWICKLUNG (DEMOTIVATION)

1.
- schlechtes Betriebsklima
- fehlende Freude an der Arbeit
- Über- oder Unterforderung
- schlechte Bezahlung
- fehlende Anerkennung
- mangelhaftes Führungsverhalten der Vorgesetzten

usw.

2.
- ein hoher Krankheitsstand
- Kundenunzufriedenheit, die zu Umsatzeinbußen führt
- schlechte Arbeitsmoral

usw.

3.
- Mitarbeitergespräche
- Coaching
- Versetzung
- Beförderung
- Fortbildung
- Erteilung neuer Aufgabenbereiche / neue Verantwortung
- Training vor Ort

usw.

2-37 LOHN- UND GEHALTSABRECHNUNG I

1. 7.400 x 100 : 54.000 = 13,70 %

2. 576,83 x 100 : 1.936,05 = 29,79 %

3. ... nach der Höhe des Arbeitslohnes bzw. Bruttogehaltes, der Steuerklasse, möglicher Freibeträge ...

4. 6 Lohnsteuerklassen

5. Krankenversicherung: Träger = AOK, Ersatzkassen, Betriebs- und Innungskassen
Leistungen = Vorsorgeuntersuchungen, Heil- und Hilfsmittel, Krankenhausbehandlungen, Krankengeld ab der 7. Kalenderwoche ...

Pflegeversicherung: Träger = Soziale Pflegeversicherung
Leistungen = häusliche und stationäre Pflege, Pflegegeld, Sachleistungen

Unfallversicherung: Träger = Berufsgenossenschaften
Leistungen = Heilbehandlung nach einem Unfall, Maßnahmen der Rehabilitation, Übergangsgeld, Verletztenrente und Hinterbliebenenrente

Rentenversicherung: Träger = Deutsche Rentenversicherung
Leistungen = Arbeitslosengeldzahlung (z. B. II + IV), Altersruhegeld ab dem 65. Lebensjahr, Erwerbs-minderungsrente, Maßnahmen der Rehabilitation ...

Arbeitslosenversicherung: Träger = Bundesagentur für Arbeit
Leistungen = Förderung der beruflichen Bildung, Förderung der Arbeitsaufnahme, berufliche Rehabilitation, Kurzarbeitergeld, Berufsberatung ...

6. Deutsche Rentenversicherung Bund in Berlin

2-38 LOHN- UND GEHALTSABRECHNUNG II

1. 6 Lohnsteuerklassen; Mike Bauer hat die Lohnsteuerklasse 1

2. 390,33 €

3. a) nach der Lohnsteuer!!!

b) 31,22 € Kirchensteuer

4. 21,46 €

5. a) der jeweilige Beitragssatz berechnet sich vom Bruttogehalt, geteilt durch 2, da der Arbeitnehmer und Arbeitgeber je zur Hälfte den Anteil übernehmen. Ausnahme stellt die Unfallversicherung da, da sie der Arbeitgeber zu 100 % übernimmt.

b) Krankenversicherung: 2.470 x 12,8 : 100 = 316,16 € : 2 = 158,08 €

Pflegeversicherung: 2.470 x 1,7 : 100 = 41,99 € : 2 = 21,00 €

Rentenversicherung: 2.470 x 19,5 : 100 = 481,65 € : 2 = 240,83 €

Arbeitslosenversicherung: 2.470 x 6,5 : 100 = 160,55 : 2 = 80,28 €

6. a)

Bruttogehalt		2.470,00 €
Abzüge:		943,20 €
- Lohnsteuer	390,33 €	
- Soli	21,46 €	
- Kirchensteuer	31,22 €	
- Krankenversicherung	158,08 €	
- Pflegeversicherung	21,00 €	
- Rentenversicherung	240,83 €	
- Arbeitslosenversicherung	80,28 €	
Nettogehalt		1.526,80 €

b) 943,20 x 100 : 2.470 = 38,19 %

7. a) Lohnsteuer, Kirchensteuer

b) Sozialversicherungen (KV, PV, RV, AL zu je 50 % = Arbeitgeberanteil)

2-39 LOHN- UND GEHALTSABRECHNUNG III

1.

GEHALTSABRECHNUNG	BEATE NIEHAUS
Bruttogehalt	2.180,00 €
Lohnsteuer	249,91 €
Solidaritätszuschlag	13,74 €
Kirchensteuer	22,49 €
Krankenversicherung	178,76 €
Pflegeversicherung	27,80 €
Rentenversicherung	206,01 €
Arbeitslosenversicherung	32,70 €
Nettogehalt	**1.448,59 €**

2-40 LOHN- UND GEHALTSABRECHNUNG IV

1. Mitarbeiter bringen Fachwissen mit, kein Einarbeiten neuer Mitarbeiter, Motivation und Zufriedenheit bei den übernommenen Mitarbeitern vorhanden, Mitarbeiter verfügen über Erfahrung und kennen Kundenstamm usw.

2. 1.878,00 € + 13,67 € = 1.891,67 €

3. Bezeichnung der Stelle, Aufgaben des Stelleninhabers, Fertigkeiten und Kenntnisse (Anforderungen), Pflichten, Kompetenzen des Stelleninhabers, Weiterbildungsmöglichkeiten usw.

4. Stellenbeschreibungen ...
- dienen als Grundlage für Stellenausschreibungen,
- tragen zur Motivation der Mitarbeiter bei,
- sind Grundlage der Personalentwicklung,
- dienen als Grundlage für Zielgespräche,
- helfen bei der Kapazitätsplanung,
- helfen bei Eingruppierungen usw.

5.

PERSONALKOSTEN	JAHRESWERTE IN EURO
Bruttogehalt (1.966,00 € x 12)	23.592,00 €
+ VWL (13,67 € x 12)	164,04 €
+ Urlaubsgeld (50% vom Bruttogehalt)	983,00 €
Sozialpflichtiges Bruttogehalt	24.739,04 €
+ Sozialversicherungen Arbeitgeber	4.780,82 €
+ Unfallversicherung (4,94 € x 12)	59,28 €
Personalkosten für Herrn Nerlinger	29.579,14 €

2-41 WERBUNG I

1.
- die Werbekosten sind gegenüber den Netto-Werbeeinnahmen wesentlich höher
- die Investitionen im Jahr 2008 sind gegenüber den Vorjahren zurückgegangen
- die Investitionen waren bis zum Jahr 2007 gestiegen, danach leichter Rückgang (möglich wegen der beginnenden Wirtschaftskrise)

2.
- Verdrängung der Konkurrenz
- Kundengewinnung
- Unterhaltung
- Interesse wecken und Umsatzsteigerung
- Informationen über Angebote
- usw.

3.
1. Werbeklarheit
2. Werbewirksamkeit
3. Werbewahrheit
4. Wirtschaftlichkeit
5. Stetigkeit

4. a) Werbeerfolg = Werbeertrag – Werbeaufwand oder Werbeerfolg = $\frac{\text{Umsatzsteigerung}}{\text{Werbekosten}}$

Weitere betriebliche Kennzahlen zur Messung der Werbewirkung sind:
- die Abverkaufskontrolle (Verkaufszahlen je Artikel und Zeit)
- Kundenfrequenzvergleich (Anzahl der Kunden je Verkaufstag)
- Ausgabenentwicklung der Kunden (durchschnittlicher Kaufbetrag je Kunde)
- Kassenbonanalyse (Umsatzbezug eines Artikels zu anderen Artikeln)

b) Weil es schwierig ist festzustellen, ob die Umsatzsteigerung nur auf die Werbemaßnahme zurückzuführen ist oder andere Dinge (Wetter, Mitbewerber oder Wirtschaftslage) Einfluss genommen haben.

5. Zielgruppe oder Streukreis

6. Der Zeitpunkt der Werbeaktionen, also es geht um die Frage:
„Wann bzw. in welchem Zeitraum soll geworben werden?"

7. Das Streugebiet zielt im Rahmen der Werbeplanung und -durchführung auf den Ort der Werbemaßnahmen ab; die Werbung z. B. lokal, regional, bundes- oder weltweit.

8. ... wie viel finanzielle Mittel für die Werbemaßnahme zur Verfügung stehen.

9. Neue Ideen, Erfahrung, Zeitersparnis, bessere Kontakte usw.

2-42 WERBUNG II

1.
- bei vergleichender Werbung den Mitbewerber nicht herabsetzen
- Kunden nicht belästigen durch Anrufe, unerwünschte Werbung ...
- keine Irreführung des Kunden über Ware, Aktion, Geschäft
- keine zu kurzen Laufzeiten für Sonderangebote
- mindestens 2 Tage Vorrat bei Angeboten

2. Preisangabenverordnung, Ladenschlussgesetz, Grundgesetz

3. individuelle Lösung, aber klar ist, dass Werbung manipuliert.

4. a) Ansprechen von Gefühlen (Wünsche, Träume ...)

b) Slogans wie „Otto find ich gut" ...

c) Melodien, Songs, erotische Stimme ...

d) Bilder, die Botschaften senden ...

5. a) irreführende Werbung (Mondpreis)

b) Lockvogelwerbung

c) Werbung mit Testurteilen (Verschweigen von Informationen)

d) Vergleichende Werbung (Herabsetzen von Mitbewerbern)

2-43 WERBEBUDGET

1. Individuelle Schülerlösung:
die Begründungen müssen logisch sein.

2. Individuelle Schülerlösung:
das Budget von 3.400,00 € darf nicht überschritten werden.

2-44 VERKAUFSFÖRDERUNG

1. - Umsatzrückgänge haben im Einzelhandel in den letzten Jahren stattgefunden;
- Umsatzzuwächse waren insgesamt eher selten und sollen gefördert werden.

2. Die Verkaufsförderung umfasst sämtliche Maßnahmen von verkaufsfördernden Aktionen, um den Absatz kurzfristig zu steigern. Bsp.: Probepackung, Preisausschreiben, Punktesysteme ...

3. a) Unter Kundenbindung versteht man alle Maßnahmen, die dazu dienen Stammkunden zu halten und neue zu gewinnen. KB setzt einen zufriedenen Kunden voraus, er darf weder den Kauf der Ware noch den Kauf in Ihrem Ausbildungsbetrieb bereuen. Sie vertreten somit als Mitarbeiter im EH nicht nur das Produkt sondern repräsentieren zusätzlich auch Ihren Ausbildungsbetrieb. Der Kunde verbindet also das gekaufte Produkt nicht nur mit dem Hersteller, sondern auch eng mit Ihnen als Ver-käufer bzw. Ihrem Ausbildungsbetrieb.

b) ... die Kundenzufriedenheit zu erhöhen und damit Umsatz und Gewinn zu steigern

c) ... Paybackkarten

4. a) - das Unternehmen bekannt zu machen
- positives Image zu erzeugen
- Vertrauen zu gewinnen
- Kommunikation mit der Öffentlichkeit

b) Medien wie Zeitung oder Fernsehen, Kunden, Politiker, Nachbarn ...

c) Tag der offenen Tür, Betriebsbesichtigungen, Sponsoring, Spenden ...

5. 1. Newsletter
2. Coupons (Couponing)
3. Warenproben
4. Bestell- und Lieferservice
5. Garantie

2-45 MARKETING

1. Marketing = sämtliche Maßnahmen, die darauf abzielen, den Absatz zu fördern.

2. Sortimentspolitik: zentrale Frage: Welche Waren sollen verkauft werden?
   - Zusammenstellung und Gestaltung des Sortiments
   - die Sortimentspolitik reagiert auf die permanenten Veränderungen auf dem Wettbewerbsmarkt mit der Sortimentsbereinigung, -erweiterung, -verjüngung ...
   - Ziel = das Anbieten eines bedarfsorientierten Sortiments

   Preis- / Konditionenpolitik: zentrale Frage: Zu welchem Preis sollen die Waren verkauft werden?
   - die Preispolitik legt grundsätzlich das Preisniveau und Preissegment für die angebotenen Waren fest.
   - Ziel = Anbieten von Preisen und Konditionen, die der Kunde als angemessen und fair empfindet und die zugleich die Existenz und den Ertrag des Unternehmens sichern.

   Kommunikationspolitik: zentrale Frage: Welche Werbemaßnahmen sollen durchgeführt werden?
   - zur Kommunikation gehören Werbung, Verkaufsförderung und Öffentlichkeitsarbeit (Public relations).
   - Ziel = den Kunden anzusprechen, sein Interesse zu wecken und seine positive Einstellung zu gewinnen.

   Servicepolitik: zentrale Frage: Welche Serviceleistungen sollen den Kunden angeboten werden?
   - Serviceleistungen sind Zusatzleistungen neben dem Abverkauf von Waren
   - Arten sind waren-, kunden-, zahlungs- oder umweltbezogene Serviceleistungen

3. - Marktforschung (systematisch) = Marktanalyse / -beobachtung
   - Markterkundung

4. a) Alter, Familiengröße, Einkommen, Kaufkraft, Kaufgewohnheiten, Zahlungsgewohnheiten

   b) Wirtschaftslage, Trends, Arbeitsmarktlage, Mode, Jahreszeiten, Beschaffungsmarkt

5. a) (22000 - 9000) x 100 : 22000 = 59,09 %

   b) bei den Ausreißern handelt es sich jeweils um das Weihnachtsgeschäft.

   c) allgemeine Konjunkturlage, zugenommene Konkurrenz, verändertes Kaufverhalten bei den Verbrauchern, Verschlechterung der innerbetrieblichen Leistungen, falsche Preispolitik (zu hohe Preise), weniger bedarfsgerechtes Sortiment ...

   d) Durchführung von Werbeaktionen, Verbesserung der Leistungen gegenüber der Konkurrenz (z. B. Service, Preisniveau unter den Waren), Durchführung von PR-Maßnahmen (z. B. Autogrammstunde eines Prominenten) usw.

2-46 MARKTFORSCHUNG I

1. Innerbetriebliche Ursachen: schlechte Warenpräsentation, zu wenig (Fach-)personal, Sortimentsveränderung, zu hohe Preise usw.

   Außerbetriebliche Ursachen: Standort, Mitbewerbersituation, Baustelle in der Nähe usw.

2. Informationen zur Mitbewerbersituation:
   Sortimentsstruktur, Preisniveau, Standort, Werbemaßnahmen usw.

   Informationen zur Nachfragesituation:
   Kundenstruktur, Kaufverhalten, Serviceleistungen, Beratung, Kundenzufriedenheit usw.

3. Schneller, kostengünstiger, persönlicher, „mehr“ Daten sind verfügbar; Grundlage für Primärerhebungen, wenn Daten nicht genau genug sind; schneller Einblick in verschiedene Untersuchungsgebiete usw.

4. Während die Primärforschung neue Daten erhebt, wertet die Sekundärforschung vorhandene Daten aus.

5. Kundenbefragungen, WWS, Kundendateien, Fachzeitschriften, Kundenkarten usw.

6. Aktuelle Daten, Befragung einer speziellen Zielgruppe, Infos können zum eigenen Produkt gesammelt werden, unternehmensbezogene Daten (gezielte Da-tenermittlung), hohe Genauigkeit der Daten usw.

7. Finanzkauf, Angebote für Kinder, Lieferservice, Sitzgelegenheiten, Getränke usw.

8. Radiowerbung, Werbebrief (Newsletter), Durchsagen im Laden, Flyer, Zeitungsanzeige usw.

2-47 MARKTFORSCHUNG II

1. Marktanalyse: Sie untersucht den Markt zu einem gegebenen Zeitpunkt.
   Marktbeobachtung: Sie verfolgt die Entwicklung des Marktes über einen Zeitraum hinweg.

2. Nachfragestruktur (Alter / Geschlecht / Einkommen / Bildung), Kaufkraft, Kundenansprüche, Angebot der Mitbewerber, Marktvolumen usw.

3. Internet, Fachzeitschriften, IHK, Veröffentlichungen von Marktforschungsinstituten, Geschäftsberichte usw.

4. a) neue Ideen, Erfahrung, Zeitersparnis, bessere Kontakte usw.

   b) Werbeetat, Streukreis, Werbegebiet, Produktdaten usw.

5. Abverkaufsquote, Kundenfrequenz, Umsatzveränderung, Werberendite, Durchschnittskauf je Kunde

6. ... weil es schwierig ist festzustellen, ob die Umsatzsteigerung nur auf die Werbemaßnahme zurückzuführen ist und andere Dinge (Wetter, Mitbewerber oder Wirtschaftslage) Einfluss auf das Ergebnis haben.

2-48 SORTIMENTSPOLITIK

1. für eine Sortimentserweiterung:
   Erschließung neuer Kundengruppen, höhere Kundenzufriedenheit, Umsatzsteigerung, Verbesserung der Wettbewerbsfähigkeit, besseres Image usw.

   gegen eine Sortimentserweiterung:
   Kundenbefragung, Internetrecherche, Konkurrenzbeobachtung, Lieferantenbefragung, Auswertung von Statistiken usw.

2. Absatzrisiko, höhere Kapitalbindung, Kosten für Schulung und Personal, Lagerplatz, Finanzierung usw.

3. Onlineverkauf, verstärkte Werbung, Lieferservice, Verlängerung der Öffnungszeiten, Umplatzierung der Ware, Mitarbeiterschulung usw.

2-49 SERVICELEISTUNGEN

1. Finanzkauf, Ruhezonen, Restaurant, Lieferservice, Verpackungsservice, Änderungsschneiderei usw.

2. Radiospot, Flyer, Zeitungsanzeige, Durchsagen, Newsletter, Informationen über die Verkaufskräfte

3. Warenbezogene Serviceleistungen:
   Ziel ist die Erhaltung der Funktionstüchtigkeit und Gebrauchsfähigkeit der Ware. Bsp.: Reparatur, Wartung, Installation.

   Kundenbezogene Serviceleistungen:
   Ziel ist es dem Kunden den Einkauf so bequem wie möglich zu gestalten sowie ihn zum Erlebnis werden zu lassen. Bsp.: Sitzgelegenheiten, Kinderbetreuung, Wasserspender usw.

   Zahlungsbezogene Serviceleistungen:
   Ziel ist es, dem Kunden die Zahlung der Rechnung zu erleichtern bzw. den Kauf einer Ware schneller zu ermöglichen. Bsp.: Ratenkauf, Zielkauf, Kartenzahlungen usw.

4. Der Umtausch ist eine Serviceleistung, da an der Ware kein Mangel vorliegt. Gründe für einen Umtausch sind z. B. ein Nichtgefallen an der Ware, Ware ist doppelt vorhanden usw.

2-50 KUNDENKARTEN

1. - ... zur Durchführung von direct mailing
   - ... zur Ermittlung der Kundenwünsche bzw. des Kaufverhaltens
   - ... zur Anpassung des Sortiments
   - ... zur Ermittlung des Einzugsgebietes der Kunden
   - ... zur Dokumentation der Umschlagshäufigkeit einzelner Produkte usw.

2. Vorteile:
   + z.T. bargeldloses Einkaufen
   + persönliche Einladungen zu Events
   + informieren über Aktionen
   + Sammeln von Bonuspunkten
   + regelmäßige Informationen usw.

   Nachteile:
   - möglicher Datenmissbrauch
   - gläserner Kunde
   - unerwünschte Werbung usw.

3. Die Kundendaten müssen vertraulich behandelt werden und dürfen nicht an so genannte „Dritte" weitergegeben werden.

4. Das Customer-Relationship-Management (CRM) bezeichnet die konsequente Ausrichtung eines Unternehmens auf ihre Kunden und die systematische Gestaltung der Kundenbeziehungsprozesse. (Durch Analyse des Kaufverhaltens sollen umfangreiche Informationen gewonnen werden, um die Kauffrequenz, die Kundenbindung oder die Kundenorientierung zu verbessern bzw. zu steigern.)

2-51 KUNDENBESCHWERDE (SERVICE)

1. - Bedauern ausdrücken, entschuldigen
- als Entschädigung Gutschein anbieten
- unverzüglich (per Email) antworten

2. - Schulung des Mitarbeiters oder aller Mitarbeiter
- Arbeitsbedingungen verbessern
- Gespräch des Vorgesetzten mit dem Mitarbeiter

3. - Sind Sie mit unserem Sortiment zufrieden?
- Waren unsere Mitarbeiter freundlich?
- Welche Anregungen haben Sie?

4. Kundenkarten, Newsletter, Kundenzeitschriften, Direktwerbung, Internetshop, Couponing usw.

2-52 MARKETING-MIX/PUBLIC RELATION/E-COMMERCE

1. Gute Erreichbarkeit, modernes Sortiment, ausreichendes Parkplatzangebot, klare Zielgruppenorientierung usw.

2.

MARKETING-INSTRUMENT	VORSCHLAG	BEGRÜNDUNG
Sortimentspolitik	Aufnahme von Eigenmarken und hochwertigen Marken usw.	Abgrenzung von Mitbewerbern durch gewisse Exklusivität, keine Vergleichbarkeit am Standort usw.
Preispolitik	Gehobenes Preisniveau, bei Eigenmarken Preisbeständigkeit usw.	Aus Sicht des Kunden ein gutes Preis-Leistungs-Verhältnis

3. $$\frac{1 \times 231 + 2 \times 475 + 3 \times 825 + 4 \times 389 + 5 \times 56 + 6 \times 2}{\text{Summe der Kundenantworten}} = \frac{5504}{1978} = \underline{\underline{\varnothing\ 2{,}8}}$$

4. Finanzierung, Warenzustellung, Änderungsschneiderei, Gepäckaufbewahrung, Wasserspender, Kundenkarten usw.

5. Sponsoring, Spenden, Spielwettbewerbe für Kinder, Sportförderung usw.

6. Vorteile: Umsatzsteigerung, höhere Marktanteile, Verkauf ist unabhängig von den Ladenöffnungszeiten, andere Zielgruppen werden erreicht usw.

Nachteile: Versandrisiko, laufende Datenpflege, Kosten der Warenrückgabe, Internetkosten usw.

7. Allgemeine Geschäftsbedingungen, Kontaktdaten des Unternehmens, Merkmale der Waren und Dienstleistungen, Preise (einschließlich USt, Versand- und Lieferkosten), Gültigkeitsdauer befristeter Angebote, Hinweise zum Widerrufs- oder Rückgaberecht usw.

8. $128000 \times 100 : 375800 = \underline{\underline{34{,}06\ \%}}$

2-53 E-COMMERCE/M-COMMERCE

1. Als E-Commerce bezeichnet man den Einkauf von Waren über das Internet, meist lokal über einen Computer, M-Commerce mobil über Smartphone Handys.

2. Vorteile für die Kunden: Ware zu Hause anschauen, keine Beeinflussung durch VerkäuferIn, Zeitersparnis, Lieferung ins Haus, meist günstige Preise, unabhängig von den Öffnungszeiten usw.

Vorteile für das Geschäft: Kein Diebstahl, geringer Raumbedarf, gezielte Werbung möglich, Umsatzsteigerung, geringere Handlungskosten usw.

3. Internetname entspricht dem Namen des Warenhauses, Corporate Identity, Imagesteigerung usw.

4. Verstärkte Werbung zur Eröffnung, Mitarbeiter schulen, erfahrende Geschäftspartner kontaktieren, neue Mitarbeiter mit Interneterfahrung einstellen usw.

5. Möglicher Zahlungsausfall, Internet-Kriminalität, hoher Preisdruck durch Markttransparenz usw.

2-54 SORTIMENTSANPASSUNG IM ONLINE-SHOP

1. Vorteile:
- höherer Umsatz und Absatz
- Kunden erhalten
- Abheben von der Konkurrenz
- Gewinnen neuer Kundengruppen
- Image verbessern
- keine Ladenöffnungszeiten
- gezielte Auswertung von Kundendaten
- Wettbewerbsfähigkeit erhalten bzw. steigern
- größeres Streugebiet
- weltweite Präsenz der Waren und Angebote
- usw.

Nachteile:
- Pflege der Homepage
- hoher Logistikaufwand
- Preisdruck aufgrund anderer Online-Anbieter
- Internetkriminalität
- Kosten für den Online-Auftritt
- Zahlungsausfall
- Aufwand und Kosten für Rücksendungen
- Umsatzrückgang im stationärem Handel
- usw.

2. Textilien: (5,4 - 4,2) x 100 : 4,2 = 28,57 %
Multimedia: (3,4 - 2,8) x 100 : 2,8 = 21,43 %
Spielwaren: (4,6 - 3,5) x 100 : 3,5 = 31,43 %

3.
- schlechte Logistik
- zu geringer Bekanntheitsgrad
- zu wenig Werbung für den Onlinehandel
- zu hohe Preise
- zu später Eintritt in den Onlinehandel
- falsche Sortimentsstruktur
- zu geringe Akzeptanz des Onlinehandels seitens der Kunden
- ungünstige Lieferbedingungen
- fehlende Benutzerfreundlichkeit auf der Online-Plattform
- ungünstige Zahlungsbedingungen
- usw.

4.
- verstärkt auf den Online-Shop aufmerksam machen
- Serviceangebote machen wie z. B. verbesserte Umtauschmöglichkeiten
- gute Navigation (Menüführung) auf der Online-Plattform
- Online-Gutscheine anbieten
- persönliche Kontaktmöglichkeiten online anbieten
- Soziale Netzwerke nutzen
- ergänzendes Sortiment zum stationärem Sortiment anbieten
- usw.

3 AUFGABEN DES CONTROLLINGS

3-01 BETRIEBLICHE KENNZIFFERN

1. a) Die Rentabilität ist eine betriebliche Kennziffer, die für einen Abrechnungszeitraum das Verhältnis des Gewinns zum eingesetzten Kapital beschreibt.

ba) 620.000 x 100 : 2.550.000 = 24,31 %

bb) (620.000 + 22.000) x 100 : 3.390.000 = 18,94 %

bc) 620.000 x 100 : 9.400.000 = 6,6 %

2. 9.400.000 : 7.270.000 = 1,29 €

3. a) Die Produktivität gibt den Umsatz oder Absatz je Mitarbeiter oder je m^2 Verkaufsfläche an.

ba) 9.400.000 : 120 = 78.333,33 €

bb) 9.400.000 : 95 = 98.947,37 € je Verkäufer

bc) 9.400.000 : 4.800 = 1.958,33 € je m^2 Geschäftsfläche

bd) 9.400.000 : 4.500 = 2.088,89 € je m^2 Verkaufsfläche

be) 9.400.000 : 26.879 = 349,72 €

3-02 LAGERKENNZIFFERN

1. - weil Waren aufgrund der Wettbewerbssituation unter dem kalkulierten Verkaufspreis verkauft werden;
- weil Waren verderben, unmodern werden ...
- weil Waren gestohlen werden ...

2. a) Sie gibt an, wie häufig der durchschnittliche Lagerbestand während eines festgelegten Zeitraumes verkauft wurde.

b) ... desto geringer die Lagerkosten, desto geringer die Lagerdauer und desto höher der Absatz.

3. Der Soll-Bestand stimmt nicht mit dem Ist-Bestand überein. Es muss eine Bestandskorrektur vorgenommen werden.

4. a) 3 x 5 + 20 = 35 Stück

b) (40 + 10 + 30 + 20 + 50) : 5 = 30 Stück

c) 300 : 30 = 10 mal

d) 360 : 10 = 36 Tage

e) 8 x 36 : 360 = 0,8 %

f) 0,8 x 30 : 100 = 0,24 € Lagerzinsen für das Produkt pro Jahr.

3-03 UMSATZKENNZIFFERN

1. (3.680.000,00 - 3.460.000,00) x 100 : 3.680.000,00 = 5,98 %

2. a) Spielwaren: 250.000,00 x 100 : 3.680.000,00 = 6,79 %

Textil: 2.140.000,00 x 100 : 3.680.000,00 = 58,15 %

b) 3.680.000,00 : 8000 m? = 460,00 € Umsatz pro m^2

c) 3.680.000,00 : 75000 = 49,06 € Durchschnittskauf pro Kunde

3. - Der Umsatzanteil der Haushaltswaren ist gegenüber dem Vorjahr nur leicht gesunken
- Der Umsatzanteil der Unterhaltungselektronik ist hingegen gegenüber dem Vorjahr gestiegen.
- Die Umsatzanteile der beiden Abteilungen liegen über den Werten des 1. Quartals.

4 QUALITÄTSSICHERNDE MASSNAHMEN; NACHHALTIGKEIT

4-01 INVENTUR

1. Eine Inventur ist die art-, mengen- und wertmäßige Bestandsaufnahme aller Vermögens- und Schuldenteile zu einem bestimmten Zeitpunkt.

2.
- Diebstahl kann nicht im WWS-System erfasst werden;
- Waren durch Verderb oder Beschädigung wurden nicht abgeschrieben;
- die eingegangenen Waren wurden falsch im WWS-System erfasst ...

3.
- Jeder Kaufmann ist nach § 240 Absatz 1 und 2 HGB sowie § 140 AO zur Bestandsaufnahme zum Schluss eines Geschäftsjahres verpflichtet;
- Diebstahl sowie fehlende Abschreibung werden im WWS-System nicht erfasst;
- betriebswirtschaftliches Interesse an der Durchführung von Inventuren: Sie gibt bei zweckmäßiger Gliederung Auskunft über die Art und Zusammensetzung des Warenlagers, seine Wertigkeit, sein Alter und seine Verkäuflichkeit (Ladenhüter);
- es lassen sich wertvolle Schlüsse auf die Rentabilität ziehen, Verlustquellen erkennen, analysieren und schließen.

4.
1. körperliche Inventur: = mengenmäßige Bestandsaufnahme aller körperlichen Vermögensgegenstände durch Zählen, Messen und Wiegen.
2. Buchinventur: = Ermittlung der Bestände des nichtkörperlichen Vermögens und der Schulden aufgrund der Aufzeichnungen der Finanzbuchhaltung.
3. Stichprobeninventur: = Inventur mittels Stichproben aus Vereinfachungsgründen. Voraussetzung ist die Erfüllung der Bedingungen nach § 241 Abs. 1 HGB.
4. Permanente Inventur: = Ermittlung des Vermögensbestandes nach Art, Menge und Wert erfolgt lediglich anhand von Lager- und Anlagekarteien bzw. -dateien.

5. mindestens einmal im Geschäftsjahr ist ein Kaufmann zur Durchführung einer Inventur laut HGB verpflichtet. Ferner ist eine Inventur bei Gründung oder Übernahme eines Unternehmens sowie bei Auflösung oder Verkauf des Unternehmens durchzuführen.

6.
- Bestimmung des Inventurleiters
- Aufstellung eines Aufnahmeplans
- Erstellung von Aufnahmevordrucken
- Festlegung des Inventurzeitpunktes bzw. -zeitraumes
- Stichproben durch Aufsichtspersonen
- mengenmäßige Bestandsaufnahme
- Unterschrift der aufnehmenden Personen
- Bewertung der einzelnen mengenmäßig erfassten Positionen
- Feststellung der Inventurdifferenzen durch Vergleich der Inventurbestände mit den Buchbeständen
- Buchung der Inventurdifferenzen

7.
- Verstärkte Personalschulung
- Verbesserung der Disposition
- Verbesserung der Arbeitsabläufe im Wareneingang und Warenausgang
- Inventuraufnahmeverfahren optimieren, häufigere Inventuren
- Verhinderung von Laden- und Personaldiebstählen

8.
- schnellere Erfassung der Bestände
- Reduzierung von Eingabefehlern durch Eingabekontrollen im MDE Gerät

4-02 LAGERHALTUNGSKOSTEN

1. Ständige Bereitschaft zur Erfüllung der Kundennachfrage, Überbrückung von Lieferengpässen, möglichst geringe Kapitalbindung, Ausnutzung von Vorteilen des Großeinkaufs, notwendige Bearbeitung oder Ausreifung (z. B. bei Bananen), Sicherung einer gleichmä-ßigen Beschäftigung trotz Schwankungen beim Absatz.

2. DVD-Rohlinge und PC-MM 4050, da bei diesen Artikeln eine Anpassung an den durchschnittlichen Lagerbestand erfolgen sollte.

3. Verlustrisiko beim zu niedrigen Lagerbestand: Fehlbestände im Regal, eine zu geringe Lieferbereitschaft, Kundenunzufriedenheit und -verlust

   Verlustrisiko beim zu hohen Lagerbestand: zu hohe Lagerkosten, Qualitätsrisiko, Mode- und Verderbsrisiko, Diebstahl

4. Mindestbestellvorgabe des Herstellers, Ausnutzung eines Mengenrabattes bei Abnahme von 1.000 Stück, Werbeaktion ...

5. 132 : 3 = 44 Tage

6. ME = 15 + (3 x 12) = 51 Stück

7. Überbrückung der Lieferzeit, Vermeidung einer fehlenden Verkaufsbereitschaft

8. a) = Kosten für die gelagerte Ware (z. B. Verzinsung des investierten Kapitals / Lagerzins, Versicherung, Verderb, Schwund, Veraltern)

   b) Schutzmaßnahmen vor Diebstahl, Reduzierung des Lagerbestandes, Durchsetzung eines Kommissionsgeschäftes, Verkauf nur auf Anforderung des Kunden.

   c) DVD-Rohlinge: Lagerumschlagshäufigkeit = 19440 : 1620 = 12 mal
   Lagerdauer = 360 : 12 = 30 Tage

   Anschlusskabel: Lagerumschlagshäufigkeit = 5440 : 680 = 8 mal
   Lagerdauer = 360 : 8 = 45 Tage

   d) der Preis / Wert der Waren sowie die Höhe des Lagerbestandes und die Absatzhöhe

   e) Lagerzinssatz = 8 x 30 : 360 = 0,67 %

   f) Lagerkosten = 0,67 x 1620 : 100 = 10,80 €

4-03 UMSATZKENNZIFFERN

1. (3.680.000,00 – 3.460.000,00) x 100 : 3.680.000,00 = 5,98 %

2. a) Spielwaren: 250.000,00 x 100 : 3.680.000,00 = 6,79 %

   Textil: 2.140.000,00 x 100 : 3.680.000,00 = 58,15 %

   b) 3.680.000,00 : 8000 m? = 460,00 € Umsatz pro m^2

   c) 3.680.000,00 : 75000 = 49,06 € Durchschnittskauf pro Kunde

3. - Der Umsatzanteil der Haushaltswaren ist gegenüber dem Vorjahr nur leicht gesunken
   - Der Umsatzanteil der Unterhaltungselektronik ist hingegen gegenüber dem Vorjahr gestiegen.
   - Die Umsatzanteile der beiden Abteilungen liegen über den Werten des 1. Quartals.

4-04 SICHERSTELLUNG DER VERKAUFSFÄHIGKEIT DER WAREN

1. Die Qualitätssicherung ist eine Form der lückenlosen Qualitäts-und Herkunftssicherung von Produkten entlang der gesamten Lebensmittelkette. Verbrauchern gibt es Orientierung und Sicherheit, dass es sich bei den angebotenen Produkten um kontrolliert erzeugte und vermarktete Lebensmittel handelt.

2. Das Prüfzeichen darf solchen Produkten vergeben werden, die nach den Anforderungen des QS-Systems hergestellt und vermarket werden.

3. Fleisch und Fleischwaren, Obst, Gemüse, Kartoffeln, Küchenkräuter usw.

4.
- Mindesthaltbarkeit (MHD) überprüfen
- Proben entnehmen
- Kühltemperatur bei Transport, Lagerung und Verkauf prüfen
- Überprüfen von Obst und Gemüse mithilfe der 5 Sinne durch die Verkaufskraft:
  Sehen: Sauberkeit, Unversehrtheit, frei von Schädlingen;
  Riechen: typischer Geruch;
  Hören: Klangprobe;
  Tasten: Frischeprobe;
  Schmecken: Probieren
- usw.

5.
- nicht verkaufsfähige Waren aussortieren
- beim Wareneingang die Mindesthaltbarkeitswerte ins Warenwirtschaftssystem eingeben
- „First in - first out"-Methode anwenden
- Waren artgerecht lagern
- Waren auf Vollständigkeit überprüfen
- QS-Waren müssen von Nicht-QS-Waren gelagert und verarbeitet werden
- Warenträger regelmäßig reinigen, desinfizieren, auf Temperatur bringen (Kühltheken) usw.
- je nach Ware müssen Mitarbeiter auf regelmäßiges Händewaschen achten
- Handschuhe nur bei Bedarf tragen und rechtzeitig wechseln
- saubere Arbeitskleidung
- usw.

6. Haltbarkeitsdatum: das Datum, bis zu dem das Produkt unter angemessenen Aufbewahrungsbedingungen seine Eigenschaften behält.

Verbrauchsdatum: das Datum, ab dem Lebensmittel aufgrund einer unmittelbaren Gefahr für die menschliche Gesundheit nicht mehr verkauft werden darf.

7.
- bei QS-Waren in den Begleitpapieren
- anhand der Angaben des Herstellers (Bedienungsanleitungen oder Produkthinweise)
- Schulungen
- Gesetzesvorgaben (Lebensmittelverordnungen je nach Lebensmittelgruppe), Gefahrstoffverordnung, Überwachungsverordnung, Hygieneverordnung, Kennzeichnungsverordnungen
- usw.

4-05 NACHHALTIGKEIT

1. Nachhaltigkeit bedeutet vorhandene Ressourcen zu schonen und zu schützen, den Klimaschutz zu fördern, eine bewusste Ernährung & Gesundheit sowie gesellschaftliche Verantwortung zu unterstützen.

2. Rohstoffe, Produktion, Handel, Konsum und Recycling

3.

Herstellung von Baumwolle und Holz:	- Nachhaltiger Rohstofferzeugung (-anbau) - Verbesserung der sozialen Verhältnisse in den Anbauländern
Bio und fair:	- Biologischer Anbau von Produkten - Fair Trade soll stabile Preise garantieren - Umweltschonende Herstellung von Produkten - Unterstützung regionaler Anbieter
Soziale Verantwortung:	- Schaffung fairer und sicherer Arbeitsbedingungen in den Fabriken und für die eigenen Mitarbeiter
Ökologische Verantwortung:	- Vermeidung umwelt- und gesundheitsschädigender Substanzen
Verkaufs- und Lagerflächen:	- Reduzierung des Stromverbrauchs (z. B. LED-Lampen) - Bau von klimaneutralen Gebäuden
Logistik:	- Einsatz von ressourcenschonenden LKW's zur Verringerung des CO_2-Ausstoßes - Schaffen von Parkplätzen für E-Fahrzeuge
Konsum:	- Unterstützung des ökologischen Konsums bei den Verbrauchern - Anbieten nachhaltiger Produkte - Reduzierung des Ressourcenverbrauchs und der Abfallmenge - Unterstützung einer umweltgerechten Entsorgung, der Vermeidung von Abfall und Nutzung von Recycling - Rücknahme von Elektroaltgeräten

4. Schonung vorhandener Ressourcen

I. WIRTSCHAFTSRECHNEN

1. Dreisatzrechnung: Beim einfachen Dreisatz soll aus 3 bekannten Größen die Vierte berechnet werden.

a) Dreisatz (gerades Verhältnis): Beide Größen nehmen in gleichem Verhältnis zu bzw. ab.

Bsp.:

9 m = 120,00 €
3 m = x €

$$\Rightarrow x = \frac{3 \times 120}{9} = \underline{40{,}00\ €}$$

b) Dreisatz (ungerades Verhältnis): Beide Größen nehmen gegensätzlich zu bzw. ab.

Bsp.:

4 Arbeiter = 12 Tage
3 Arbeiter = x Tage

$$\Rightarrow x = \frac{4 \times 12}{3} = \underline{16\ \text{Tage}}$$

2. Währungsrechnung

a) Umrechnung ausländischer Währungen in €:

$$\text{€-Betrag} = \frac{\text{ausländischer Geldbetrag} \times \text{Kurs}}{100}$$

b) Umrechnung vom € in ausländische Währung:

$$\text{Ausländischer Geldbetrag} = \frac{\text{€-Betrag} \times 100}{\text{Kurs}}$$

3. Durchschnittsrechnung

a) einfacher Durchschnitt:

$$= \frac{\text{Summe der Einzelwerte}}{\text{Anzahl der Posten}}$$

b) gewogener Durchschnitt:

$$= \frac{\sum (\text{Einzelwert} \times \text{Menge})}{\text{Gesamtmenge}}$$

4. Verteilungsrechnung

1. Schlüsselzahlen auf möglichst kleine Zahlen kürzen und zu Teilen machen
2. Teile addieren
3. Dreisatz verwenden

5. Prozentrechnung

a) prozentualer Anteil:

$$= \frac{\text{Prozentwert} \times 100}{\text{Grundwert (GW)}}$$

b) prozentuale Abweichung:

$$= \frac{(\text{vermehrter/ verminderter GW - GW}) \times 100}{\text{Grundwert (GW)}}$$

6. Zinsrechnung

$$\text{Jahreszinsen} = \frac{K \times p \times J}{100 \times 1}$$

$$\text{Monatszinsen} = \frac{K \times p \times m}{100 \times 12}$$

$$\text{Tageszinsen} = \frac{K \times p \times t}{100 \times 360}$$

$$\text{Zinsen} = \frac{\text{Summe der Zinszahlen}}{\text{Zinsteiler}}$$

$$\text{Zinsteiler} = \frac{360}{100}$$

$$\text{Kapital} = \frac{z \times 100 \times 360}{p \times t}$$

$$\text{Zinssatz} = \frac{z \times 100 \times 360}{K \times t}$$

$$\text{Zinszeit} = \frac{z \times 100 \times 360}{K \times p}$$

$$\text{Zinszahl} = \frac{K \times t}{p}$$

7. Finanzierungskauf

a) effektiver Jahreszins $= \dfrac{\text{Kreditkosten x 100 x 12}}{\text{benötigter Kreditbetrag x durchschnittliche Laufzeit}}$

b) durchschnittliche Laufzeit $= \dfrac{\text{längste Laufzeit + kürzeste Laufzeit}}{2}$

II. WARENKALKULATION

1. Allgemeine Kalkulationen

a) Bezugskalkulation:

	Listenpreis
-	Liefererrabatt
	Zieleinkaufspreis
-	Skonto
	Bareinkaufspreis
+	Bezugskosten
	Bezugspreis/Einstandspreis

b) Verkaufskalkulation:

	Bezugspreis
+	Handlungskosten
	Selbstkostenpreis
+	Gewinn
	Nettoverkaufspreis
+	Umsatzsteuer
	Bruttoverkaufspreis

c) Zusatz bei der Ermittlung des Listenpreises:

Nettogewicht = Bruttogewicht - Tara
Listenpreis = Nettogewicht x Einzelpreis

2. Kalkulationsvereinfachungen

Kalkulationszuschlag: $= \dfrac{\text{(Bruttoverkaufspreis - Bezugspreis) x 100}}{\text{Bezugspreis}}$

Kalkulationsfaktor: $= \dfrac{\text{Bruttoverkaufspreis}}{\text{Bezugspreis}}$ oder $= \dfrac{\text{Kalkulationszuschlag + 1}}{100}$

Handelsspanne: $= \dfrac{\text{(Nettoverkaufspreis - Bezugspreis) x 100}}{\text{Nettoverkaufspreis}}$

Kalkulationsabschlag: $= \dfrac{\text{(Bruttoverkaufspreis - Bezugspreis) x 100}}{\text{Bruttoverkaufspreis}}$

III. LAGERKENNZIFFERN

1. Meldebestand = Mindestbestand + (täglicher Absatz x Lieferzeit)

2. durchschnittlicher Lagerbestand

pro Jahr $= \dfrac{\text{Anfangsbestand + Endbestand}}{2}$

pro Monat $= \dfrac{\text{AB + 12 Monatsendbestände}}{13}$

pro Quartal $= \dfrac{\text{AB + 4 Quartalsendbestände}}{5}$

3. Umschlagshäufigkeit

$$= \frac{\text{Wareneinsatz}}{\text{durchschnittlicher Lagerbestand}}$$

$$= \frac{\text{Jahresabsatz}}{\text{durchschnittlicher Lagerbestand (in Stück)}}$$

$$= \frac{360}{\text{durchschnittliche Lagerdauer (in Tagen)}}$$

4. durchschnittliche Lagerdauer

$$= \frac{360}{\text{Umschlagshäufigkeit}}$$

5. Lagerzinssatz

$$= \frac{\text{Jahreszinssatz x durchschnittliche Lagerdauer}}{360}$$

$$= \frac{\text{Jahreszinssatz (Bank)}}{\text{Umschlagshäufigkeit}}$$

6. Lagerzinsen

= Lagerzinssatz x durchschnittlicher Lagerbestand

$$= \frac{\text{Wareneinsatz x Lagerdauer x Bankzinssatz}}{100 \text{ x } 360}$$

$$= \frac{\text{Durchschnittlicher Lagerbestand x Bankzinssatz}}{100}$$

$$= \frac{\text{Wareneinsatz x Lagerzinssatz}}{100}$$

IV. UMSATZKENNZIFFERN

1. Planabweichung

$$= \frac{\text{(Istumsatz – Planumsatz) x 100}}{\text{Planumsatz}}$$

2. Umsatzentwicklung

$$= \frac{\text{Umsatz Berichtsjahr x 100}}{\text{Umsatz Vorjahr}}$$

3. Umsatzindex

$$= \frac{\text{Umsatz Berichtsjahr x 100}}{\text{Umsatz Basisjahr 1}}$$

4. Umsatzstruktur

$$= \frac{\text{Umsatz der Abteilung A x 100}}{\text{Gesamtumsatz}}$$

5. kurzfristige Umsatzbeobachtung

$$= \frac{\text{Umsatz Monat Januar x 100}}{\text{Jahresumsatz}}$$

V. RENTABILITÄT

1. Eigenkapitalsrentabilität

$$= \frac{\text{Gewinn x 100}}{\text{EK}}$$

2. Gesamtkapitalrentabilität

$$= \frac{\text{(Gewinn + Fremdkapitalzinsen) x 100}}{\text{Gesamtkapital}}$$

3. Umsatzrentabilität

$$= \frac{\text{Gewinn x 100}}{\text{Umsatzerlöse}}$$

VI. WIRTSCHAFTLICHKEIT

Wirtschaftlichkeit $= \frac{\text{Umsatzerlöse (Leistungen)}}{\text{betrieblicher Aufwand}}$

VII. PRODUKTIVITÄT

1. Personalproduktivität (Personalleistung) $= \frac{\text{Umsatz}}{\text{Anzahl der Mitarbeiter/-innen (Vollbeschäftigte)}}$

2. Personalstundenproduktivität (Stundenleistung) $= \frac{\text{Umsatz}}{\text{Anzahl der Mitarbeiterstunden}}$

3. Verkäuferproduktivität $= \frac{\text{Umsatz}}{\text{Anzahl der Verkäufer/-innen}}$

4. Flächenproduktivität $= \frac{\text{Umsatz}}{\text{m}^2\text{ - Geschäftsfläche}}$

5. Verkaufsraumproduktivität (Flächenleistung) $= \frac{\text{Umsatz}}{\text{Verkaufsfläche}}$

6. Kundenproduktivität $= \frac{\text{Umsatz}}{\text{Anzahl der Kunden (Bon-Zahl)}}$

VIII. ABSCHREIBUNG AUF SACHANLAGEN

1. Lineare Abschreibung

Abschreibungsbetrag $= \frac{\text{Anschaffungswert}}{\text{Nutzungsdauer}}$

Abschreibungsbetrag $= \frac{\text{Anschaffungswert x Abschreibungssatz}}{100}$

Abschreibungssatz $= \frac{100}{\text{Nutzungsdauer}}$

2. Abschreibung nach Leistungseinheiten

jährlicher Abschreibungsbetrag $= \frac{\text{Anschaffungskosten}}{\text{voraussichtl. Gesamtleistung x tatsächlich erbrachte Jahresleistung}}$

IX. BILANZGLEICHUNGEN

Vermögen = Kapital
Eigenkapital = Vermögen - Fremdkapital
Anlagevermögen + Umlaufvermögen = Eigenkapital + Fremdkapital
Fremdkapital = Vermögen - Eigenkapital

1. Anteil des Anlagevermögens $= \frac{\text{Anlagevermögen x 100}}{\text{Gesamtvermögen}}$

2. Anteil des Umlaufvermögens $= \frac{\text{Umlaufvermögen x 100}}{\text{Gesamtvermögen}}$

3. Eigenfinanzierungsgrad $= \frac{\text{Eigenkapital x 100}}{\text{Gesamtkapital}}$

4. Anlagendeckung $= \frac{\text{Eigenkapital}}{\text{Anlagevermögen}}$

Liquidität I (Barliquidität) $= \frac{\text{Liquide Mittel x 100}}{\text{Kurzfristige Verbindlichkeiten}}$

Liquidität II (Einzugsbedingte Liquidität) $= \frac{\text{(Liquide Mittel + Forderungen) x 100}}{\text{Kurzfristige Verbindlichkeiten}}$

Liquidität III (Umsatzbedingte Liquidität) $= \frac{\text{Umlaufvermögen x 100}}{\text{Kurzfristige Verbindlichkeiten}}$

X. GUV-ANALYSE

1. **Rohergebnis** = Differenz zwischen Nettoumsatzerlösen und Wareneinsatz
   Umsatzerlöse > Wareneinsatz = Warenrohgewinn
   Umsatzerlöse < Wareneinsatz = Warenrohverlust

2. **Reinergebnis** = Rohergebnis - Handlungskosten
   Erträge > Aufwendungen = Reingewinn
   Erträge < Aufwendungen = Reinverlust

3. **Wareneinsatz** = Verkaufte Ware zu Einstandspreisen

4. **Rohgewinn in %** $= \frac{\text{Rohgewinn x 100}}{\text{Nettoumsatz}}$

5. **Rohgewinn in €** $= \frac{\text{Umsatz x Rohgewinn in \%}}{100}$

XI. DECKUNGSBEITRAG

Gewinn = Umsatz - Kosten
Deckungsbeitrag = Nettoverkaufspreis - variable Kosten
Bruttoertrag = Umsatz - Wareneinsatz
Deckungsbeitrag 1 = Bruttoertrag - variable Einzelkosten des Produkttyps
Deckungsbeitrag 2 = Deckungsbeitrag 1 - fixe Kosten des Produkttyps
Deckungsbeitrag 3 = Deckungsbeitrag 2 - fixe Kosten der Produktgruppe/des Bereichs
Betriebsergebnis = Deckungsbeitrag 3 - fixe Kosten aller Produktgruppen/Bereiche sowie unternehmensfixe Kosten

XII. WERBUNG

1. 1000er-Kontakt-Preis $= \frac{\text{Kosten der Werbemaßnahme x 1.000}}{\text{geschätzte Zahl der Kontakte}}$

2. Werbeerfolg = Werbeertrag - Werbeaufwand (allgemeine Formel)

$= \frac{\text{Umsatzzuwachs}}{\text{Werbekosten}}$ (Formel bei einer Werbemaßnahme)

3. Abverkaufsquote: $= \frac{\text{Absatzmenge (Werbeproduktes) x 100}}{\text{Warenbestand zu Beginn der Werbemaßnahme}}$

XIII. KASSE

1. Ermittlung des Tagesumsatzes:

Bargeldbestand am Abend
\+ Kartenzahlungen
\+ eingenommene Gutscheine
\+ Tagesausgaben
\+ Bankeinzahlungen
\- Wechselgeld am Morgen
Tagesumsatz

2. Ermittlung des Kassenfehlbestandes bzw. Kassenüberschusses:

Wechselgeld am Morgen
\+ Barumsatz
\- Bankeinzahlungen
\- Tagesauszahlungen
= eigentlicher Bargeldbestand
\- Bargeldbestand am Abend
Fehlbestand oder Überschuss

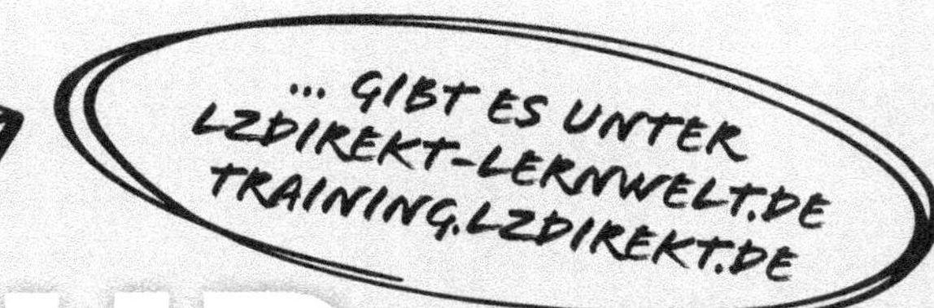

NOCH MEHR BRA!NFOOD?

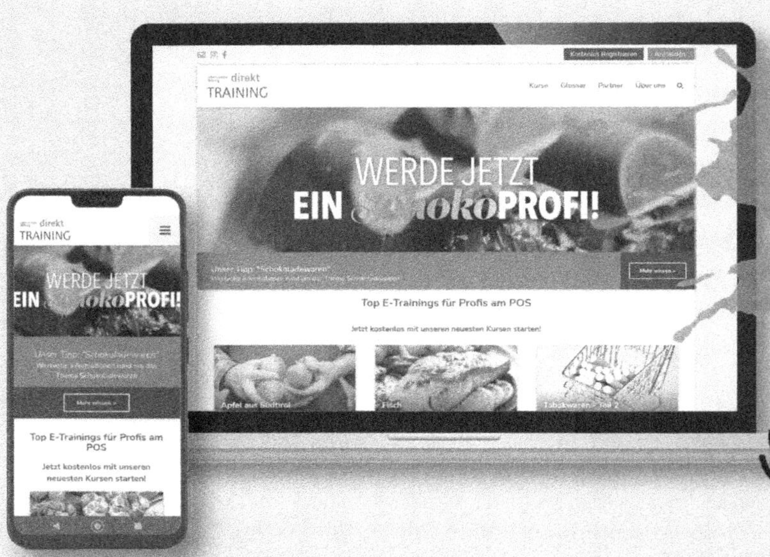

In unserem Shop **lzdirekt-lernwelt.de** findest Du noch viel mehr Wissen in gedruckter Form:

- Die **kompletten Markenlehrbrief-Boxen** mit allen aktuellen Markenlehrbriefen
- Nützliche **Basis- und Prüfungstrainer**
- Eine Auswahl an interessanten **Fachbüchern und Nachschlagewerken**

Das E-Learning-Portal **training.lzdirekt.de** für Mitarbeitende im Lebensmitteleinzelhandel ist mit kompakten E-Trainings inklusive Abschlusszertifikaten die perfekte, flexible und interaktive Ergänzung zu den Markenlehrbriefen.

Hier kannst Du jederzeit **kostenlos und ohne Registrierung** Dein Wissen auffrischen: egal ob am PC, Tablet oder Smartphone.

MEHR WISSEN, BESSER VERKAUFEN.

In der LZ direkt Lernwelt bündeln die LZ Medien ihre Weiterbildungsangebote (Digital, Print, Präsenz) für den Lebensmitteleinzelhandel. Praktisches Waren- und Verkaufswissen für Supermarktmitarbeiter – Kaufleute, Marktleiter und Warengruppenverantwortliche.

lzdirekt-lernwelt.de

training.lzdirekt.de